◆ポーランド史叢書2

一七九一年五月三日憲法〔新版〕

白木太一

ワルシャワ王宮大理石の間

現在のワルシャワ王宮
第二次世界大戦でほぼ完全に破壊されたが。1980年代に再建された。現在は18世紀当時の様々な部屋を見学することができる。

ワルシャワ王宮　元老院の間

聖ヤン通りからワルシャワ王宮を望む。
憲法の誓約のために国王と参加者一行が王宮からこの通りの左側にある聖ヤン大聖堂まで歩いていった。

ヴィスワ川を挟んで対岸のプラガ地区から見たワルシャワ旧市街の光景
（ベルナルド・ベロット作）

［新版］一七九一年五月三日憲法　目　次

［新版］一七九一年五月三日憲法

はじめに

一七九一年五月二日、ポーランド――正確にはポーランド王国（王冠領）とリトアニア大公国の連邦国家で「共和国」と称された。以後、連邦国家全体をさす場合は共和国と記す――の首都ワルシャワにある全国議会議長スタニスワフ・マワホフスキ邸には、復活祭休暇を切り上げて上京した議員たちが続々と集まっていた。マワホフスキは、明日企てようとする事業、すなわち新憲法制定を前に、次のような決議文を示した。「共和国が直面している未曾有の苦境に鑑み、我々は祖国救済を切に願いつつ、全国議会議長兼ポーランド王国領連盟総帥たる私に託され、『統治法』と名付けられたこの草案を全面的に支持する」。その後、八三名の議員が決議文への署名を済ませた。この決議の知らせは一夜にしてワルシャワ中を駆け巡った。

翌五月三日の早朝、多くのワルシャワ市民が見守る中、王宮内の会議の間には国王スタニスワフ・アウグストと総勢一八二名の議員が集まっていた。その後夜半に及ぶ激烈な議論を経て制定されたのが『統治法』である。この法案こそ、十八世紀欧米の成文憲法として年代の上で合衆国憲法

図1　1791年5月3日憲法の採択（ヤン・ピョートル・ノルブリン作）
二階席にいるのは傍聴人。

に次ぐといわれる、のちに五月三日憲法と呼ばれる最高法規に他ならない（以下特に断りのない場合は憲法と呼ぶ）。

この憲法を採択したのは、一七八八年十月に開会し、一七九〇年十二月に新たな代議員を加えて延長された全国議会（いわゆる四年議会 **sejm czteroletni**）であった。この議会では憲法制定の前後一年余りの時期に、『王国自由都市（法）』『地方議会法』『議会法』など多数の諸法が相次いで定められた。本憲法はそれら諸法を統括するものと位置付けられた。

総体的にこの憲法は、西欧における近代国民国家の原型となる要素と、近世を通じてポーランド人に定着した独特の共和政理念の継承という要素をあわせもっていた。ところが、この憲法はその内容の先進性ゆえに、制定後一年ほどで近隣諸国の警戒感を惹起することになった。そして一七九二年以降ロシアやプロイセンの武力干渉を招き、まもなく実効力を失った。しかしその後現代に至るまで、この憲法は近代ヨーロッパ法制史における知られざる金字塔として、また一七九五年以降は国家を失ったポーランド民族の表象として、その記憶が語り継がれていくことになったのである。

本書ではまず、憲法の歴史的背景と憲法制定までの経緯を略述する。その上でこの憲法の全文を紹介する。また、憲法制定二日後に採択された、憲法の位置づけを規定した付属法『集められた諸身分の宣言』、さらにポーランド王国とリトアニア大公国の関係を定めた『両国民の相互保障』を併せて紹介する。

ひきつづいて、憲法の法制史的特徴、制定直後のポーランド・リトアニアにおける憲法の反響、憲法の記憶と近現代ポーランド社会について論じてみたい。

1　憲法制定の背景

一七六四年以前

十八世紀のポーランド・リトアニア連邦国家（共和国）は様々な面で曲り角に直面していた。

十八世紀の共和国が抱えていた問題の一つは、それを取り巻く国際情勢の悪化である。共和国の周囲には強力な軍事力を備え、領土拡張を露骨に推進する国家が台頭していた。最大の脅威になったのは、一七〇一年にブランデンブルク辺境伯領とプロイセン公国が合体して、急速な軍備拡張を行っていたプロイセン王国、ならびにピョートル一世の近代化政策以降、スウェーデンを抑えてバルト海地域の覇権を握り、西方や南方への領土拡大を目指していたロシア帝国であった。この両国は、十八世紀前半のポーランドに対して、露骨な圧力をかけてその国家としての安定を妨害しようとした。十八世紀前半までのポーランドは、こうした列強の台頭に対して、「ポーランドは無政府によって成立する」Nierządem Polska stoi という消極的対応で接することが多かった。こうした消極的外交姿勢と密接にかかわっていたのが、当時のポーランド独特の支配構造であった。

近世の共和国は、一七七三年の第一次分割条約批准時までは総面積七三万平方キロメートル、総

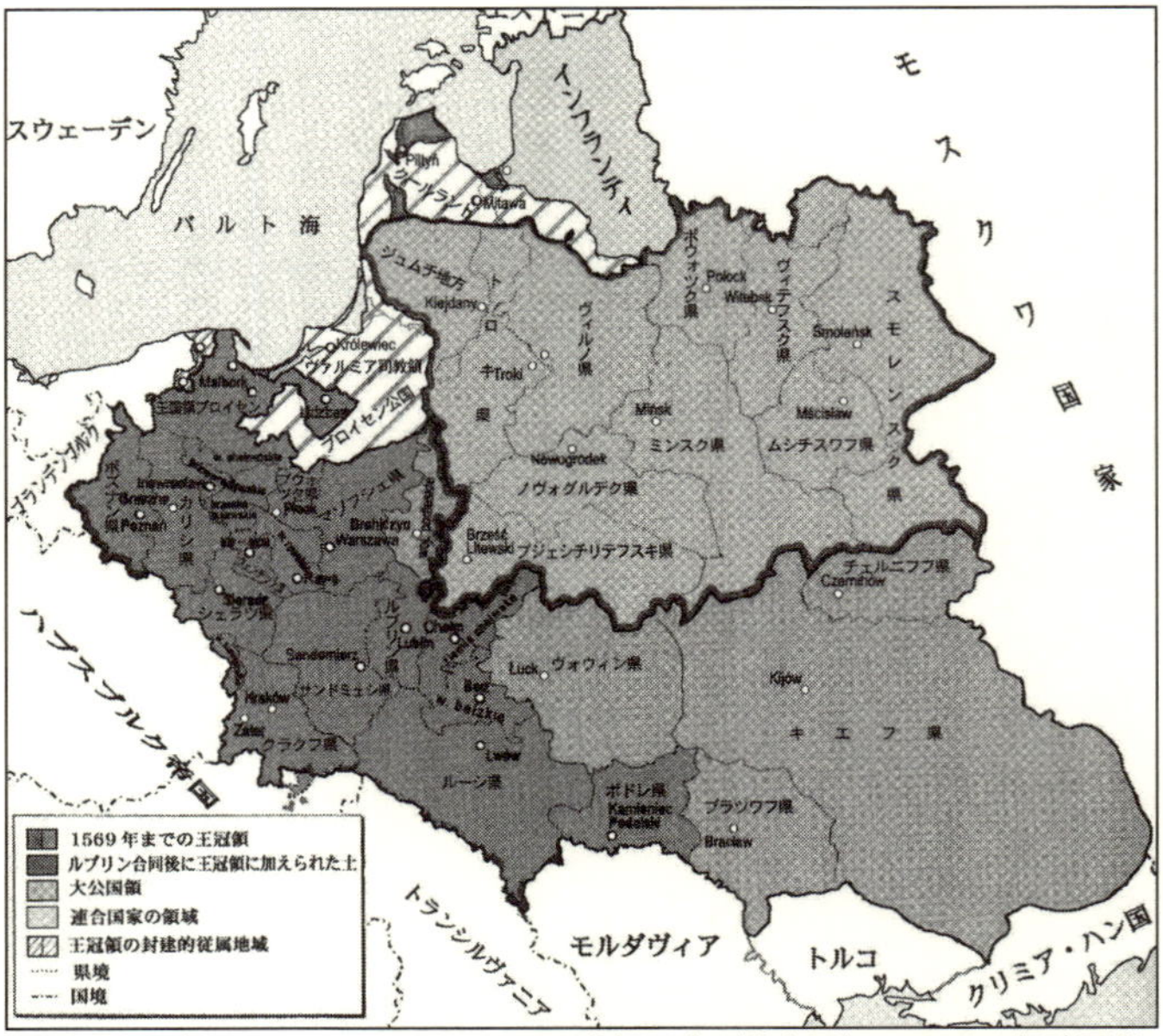

図2　16世紀ポーランド・リトアニア連邦国家（共和国）における行政区分

人口一二〇〇万人を擁していた。また、一五六九年のルブリンにおける合同協約によって、ポーランド王国とリトアニア大公国の連邦国家の制度をもつことになった。こうして大幅に領土を拡大した共和国の領土には、第二次世界大戦後にドイツから得たポーランド共和国の西部は含まれていないが、反面で現在のウクライナの大部分、ベラルーシ、リトアニア、ラトヴィア、エストニアの一部を含むものであり、民族的にも宗教的にも現在のポーランドよりははるかに多様な構成要素を持っていた（小山哲『ワルシャワ連盟協約』東洋書店・二〇一三年、福嶋千穂『ブレスト教会合同』群像社・二〇一五年を参照のこと）。

　このような共和国は、十六世紀後半に

はその制度的基盤を確立していた。この国家を実際に運営していたのは、人口の八パーセント程度を占めるシュラフタ（貴族）身分であった。シュラフタ身分は中世の騎士に由来し、シュラフタ身分に属する両親の正式な結婚によって生まれた者であった。シュラフタ身分に昇進するための合法的方法は国王によるシュラフタ身分の授与（ノビリターツィア。一五七八年には昇進権限は議会に移った）である。また外国人貴族に対しては、外国人へのシュラフタ身分授与（インディゲナト）の制度もあったが、基本的にはシュラフタ身分はほとんど閉じた身分であった。

シュラフタの持つ経済的特権のひとつは農村の不動産の所有権であった。それは土地に係る直接税の事実上の免除によってその利益を倍加させていた。またシュラフタは様々な身分的諸特権を享受できた。都市を除いた行政や司法の官職独占権、不逮捕特権、法廷の判決なしの財産没収の不可などがその中核であった。さらに、地方議会や国王選挙を通じた公的活動への参加権ももっていた。

こうした特権身分としてのシュラフタは、法的には平等だったが、経済的には極めて広範な階層だった。シュラフタ身分の階層的ヒエラルヒーの頂点を形成していたのはもっとも富裕な家門のメンバーである大貴族（マグナート）であった。マグナートの定義は難しい。所領の広さ（地方差や領地収益の多様性がある）や元老院官職の所有が主なものだが、とりわけ東南部諸県では私兵の所有なども一つの要素になる。十八世紀末の人口調査では、およそ二〇〇の家系のみがマグナートに属していた。詳細な定義はともかく、マグナートが有していたパトロンとしての権力によって、彼らは国家官職の任命、あるいは自身や自分の部下に王領地を与えることを国王に強いることが出来た。

マグナート階層の下には、シュラフタの総人口の二割弱を占める中流有産シュラフタがいた。しかし、シュラフタ身分の四割近くを占めていたのは農奴を持たず、自分の所有する農地で自活していた零細シュラフタだった。彼らが特に多く居住していたのはザシチャンキと呼ばれる、住民のほとんどが貧困シュラフタのみで構成されている村であった。そしてヒエラルヒーの最下層には、二割以上の土地なしシュラフタがいた。

こうした経済的多様性にもかかわらず、シュラフタ身分は都市を除いては、中央・地方における公的活動の独占権を国王とともに保持してきた。

それでは次に、彼らによって担われた近世共和国の政治的支柱として、国王、議会、地方議会の特徴を見ていきたい。

近世の共和国における国王は世襲制ではなく、国王の死後に選挙によって選出されることが十六世紀初頭から定着していた。その選挙には、成人男子シュラフタ全員が参加資格を持っていた。国王が世襲制ではないことで、王朝の絶大な権威は生じにくかったが、国王にもさまざまな権限が委ねられていた。大臣職、地方官職、高位聖職者などの任命権、宣戦・講和の問題を除く外交政策遂行権、王領地の分配権、軍事指揮権などがそれである。とりわけ、官職任命権と王領地分配権は、国王を中心とする国王派閥を形成させる温床になった。その基盤は同時期のいわゆる絶対君主と比べると決して大きなものではなかったが、全く無力なものでもない。そこが近世共和国の国制の特徴を位置付けるうえでの重要なポイントともいえよう。

そして、国王とともに国制の柱になっていたのが共和国全体を統治する議会sejmであった。議会は、国王も参加し、高位聖職者、大臣、地方高官（主として県知事と城代）あわせて一四〇名程度から成る元老院senatと、全国に数十程度設けられていた地方議会によって選出される県や郡の代表者、すなわち地方代議員posełを構成員とする代議院izba poselskaから成る二院制議会であった。議会は法令の制定・登録権、課税承認権、宣戦・講和決定権、条約批准権、議会法廷開催権など、広範な権限が委ねられていた。ただし、議会の会期は短かった。通常議会は二年に一度開催されるだけで会期も六週間に限定されていたが、それが終わると議会は次の議会が招集されるまでは消滅してしまうことになっていた。その他に随時臨時議会の開催は認められていたが、その会期も二週間に限定されていた。

通常議会は神聖なミサで始まる。その後代議員は国王とあいさつを交わす。最初の議事は議会を構成する三身分が一堂に会して始められた。大法官がもう一度国王の提案を読み、出席している元老院議員がそれに関して自分の意見を言う。その後元老院議員と国王、代議員たちはそれぞれの院に赴き、議事を進める。もし議会の三身分から反対が出なければ、法案は承認されたものとして受け入れられる。議会の終わりに最終的にそれを公式化し、各県や地方に送る。そこで裁判文書に登録されて初めて、法案は法的拘束力を持つ。

地方議会は共和国の県województwo、地方ziemia、郡powiatなどの領域単位ごとに設置されており、十六世紀末には六四の地方議会があった。ちなみに県は、王国においては知事職が置かれてい

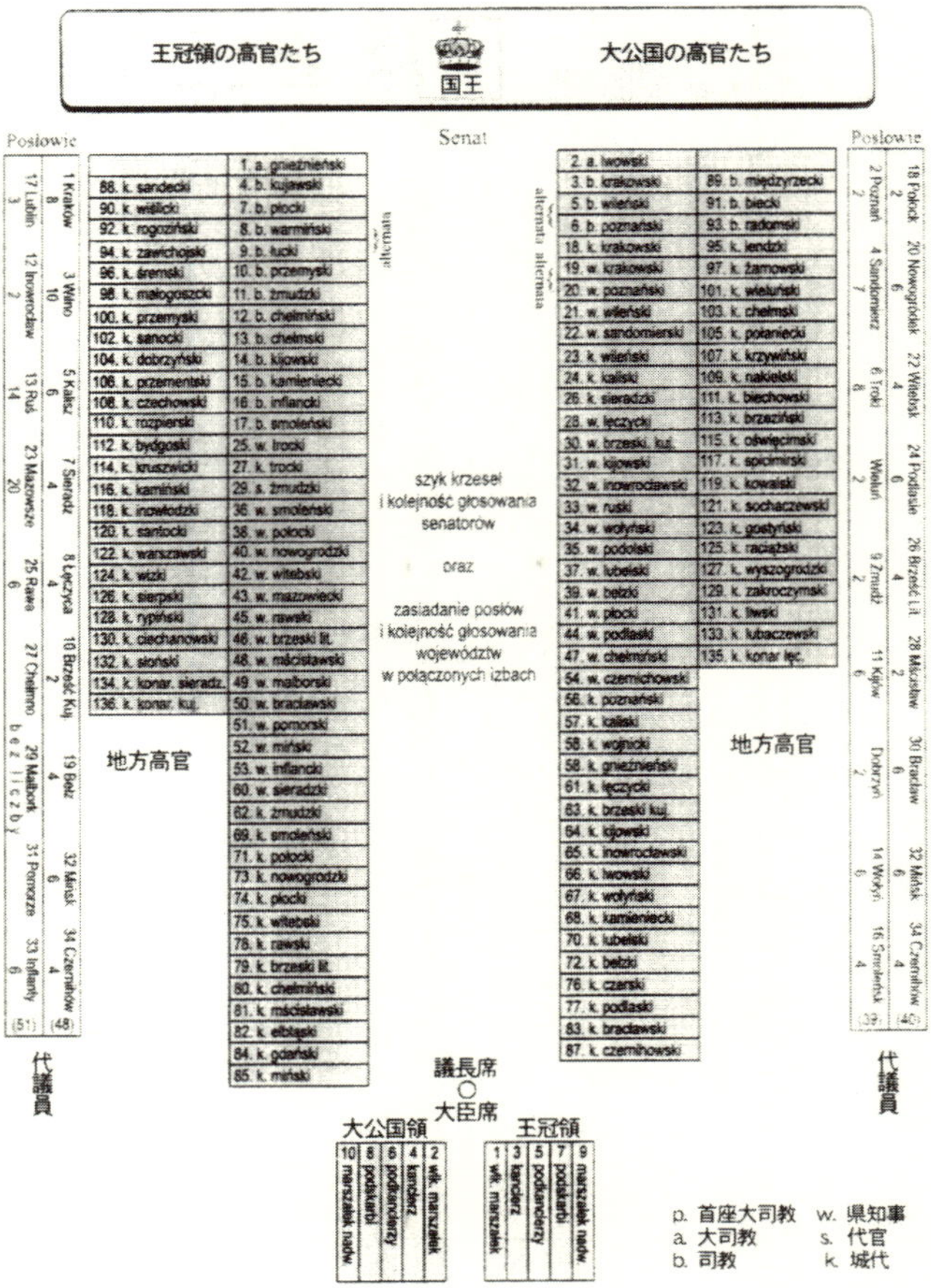

図3　両院合同時の全国議会の席順表
上手に国王、下手に大臣が坐り、中央部には地方高官の席が、その外側には代議員の席がある。

た地方の領域単位、地方は県知事不在の領域単位、郡は主として十六世紀に大公国で整備された行政・裁判単位である。各々の地方議会にはすべてのシュラフタ身分の公民、すなわち無産シュラフタを含めた成人男子のシュラフタ全員に参加権が認められた。地方議会には、地方官職の候補や地方法廷の判事、大法院の判事など官職選出に関するものもあったが、最も重要な意味を持っていたのが代議員選出地方議会 **sejmik przedsejmowy** であった。この地方議会では、定められた定員に基づいて議会の代議員を選出した。そして地方議会の決定をまとめた決議書 **lauda** と代議員が議会で活動する際の指針を箇条書きにまとめた指示書 **instrukcja**を採択した。地方議会が採択した要求として、代議員はこの指示書を議会に携行することになっていた。さらに議会に参加した代議員は、議会終了後に各地方で開催される議事報告地方議会

図4　教会内での地方議会（ヤン・ピョートル・ノルブリン作）

において、自身が指示書に基づいて活動したことを報告する義務があった。

以上のように中央・地方の制度は、国王と並んで事実上唯一の公民である成人男子シュラフタによって担われていた。当時の共和国をシュラフタ共和政あるいはシュラフタ民主政と呼ぶゆえんである。

とりわけ、十六世紀から十七世紀半ばごろまでの共和国では、全国の多数の中流有産シュラフタの意見が、宗派や地域的利害を超越した形で広く公論として議会で議論されることでシュラフタ共和政が円滑に機能したといわれている。例えば一六二二年から一六三〇年までのクラクフ県における指示書の内容を見ても、全国的な問題と県独自の問題の条項数の多寡では、どの年も前者が過半数を占めていた。また、代議員の内訳をみても、中流有産シュラフタが優勢であった。例えばポーランド王国領選出代議員の階層別の出自では、社会経済的にマグナート階層とほぼ一致する十村以上の所有者が二〇パーセントであるのに対して、一から五村所有シュラフタは全体の五二パーセントに及んでいた。これは、中流シュラフタが地方社会である程度独立した発言権を保持していたことを物語るものである。

しかし、こうした状況は十七世紀半ば以降の内外の情勢の変化によって大きく変質していった。その発端は十七世紀半ば以降の近隣勢力の相次ぐ共和国への侵攻であった。すなわち、コサックの反乱（一六四八－五三年）、タタールやロシア軍の侵入、スウェーデン軍の侵入（いわゆる「大洪水」、一六五五－六〇年）、オスマン帝国との国境紛争などである。その結果、穀物生産量が数分の一に減少し、穀物に依存していた中流シュラフタの土地の多くは経済力に余力を残していたマグナートに買収された。そして、それまで公論形成の中核にあった中流有産シュラフタが没落し、シュラフタの中でも数パーセント程度のマグナートが中流シュラフタの土地を確保し、寡頭政的に各地方の政治や社会の主導権を握るようになった。こうした傾向はとりわけポーランド王国東南部の四県（キエフ、ブラツワフ、ヴォウィン、ポドレ）で著しかった。こうした状況の中で、公的機関の中心であった議会の活動はマグナートの党派抗争に左右されて麻痺し、官職や公的機関も各地域のマグナートによって牛耳られる状況が際立った。議会内で一人の議員が反対して議場を去ると、それまでの議事が無効になってしまう「リベルム・ヴェト」（自由拒否権）が一六五二年以降慣例化したのは、そうした社会構造の変化に起因するものである。ちなみに、一五八七年から一六九六年までにあわせて九〇回の議会が開催されている。そのうち一六四八年までの五二回については不成立に終わった議会は九回にとどまる。しかし一六四八年から一六九六年までの三八回については一七回が不成立であった。またアウグスト二世期（一六九七－一七三三年）の議会では二一回のうち一一回の議会が不成立に終わり、アウグスト三世期（一七三三－六三年）になると、一六回の議会のうち成立したのはわずか一回であった。同時に、地方議会の指示書の構成をみても、例えば一六八八年のクラクフ県の指示書は全九七条で構成されているが、地方独自の要求や作成者自身の私的な要求が五〇条ほどを占めている。十七世紀後半から十八世紀前半には、四五条以下の指示書は見当たらなくなった。マグナートの館で予め指示書が作成される場合も生じていた。また、マグナートたちが、自立性を失っていた傘下の中流シュラフタや無産シュラフタを操りながら、地方議会を自らの地盤を確保するための有効な道具として活用する度合いが急速に増したということも確かであった。

それゆえ、こうしたマグナートの影響力を排除しながら、どのような形で共和国全体の統一性を回復するかが、当時の共和国が抱えていた重要な課題であった。

今一つの課題は、十八世紀ヨーロッパに共通する社会構造の変化に対してどのように向き合うかという点であった。近世ヨーロッパは程度の差こそあれ、身分制社会であった。共和国の場合も法的にシュラフタ、都市民、農民の三身分が存在し、ユダヤ人も独自の共同体を中核とする社会集団であった。このうち総人口の一五パーセント程度を占める都市民身分は経済的に弱体であり、政治的自立性も極めて制限されていた。そもそも、共和国の都市は、その規模や商業的役割の点で多様であり、都市間のライバル意識も強かった。また都市内でも富裕商人で構成される都市貴族（パトリツィアト）、手工業者や小規模商人を中心とする一般都市民（ポスプウストフォ）、職人、日雇い労働者、奉公人、乞食、犯罪者など最下層の貧民（プレブス）が相互に対立し、まとまりがなかった。加えてシュラフタと異なって法的特権を持っていなかったので身分全体の連帯感情が欠けていた。王国では十六世紀末に都市法を享受する一二八〇の集落があった。しかし、人口一万を超える都市はその七分の一に過ぎなかった。大公国において大都市はヴィルノ（ヴィルニュス）とモヒレフのみであった。

経済的観点では共和国最大の都市はグダンスクであった。バルト海に面した港湾都市としての性格とポーランド最大の河川、ヴィスワ川河口に位置するという有利な地形はグダンスクを共和国最大の貿易都市にした。グダンスクの富と国家に対する経済的重要性は、議会における正式な代表を持たなかったにもかかわらず、グダンスクが効果的に自分の利害を主張することを可能にした。

国家権力の所在都市としてはクラクフとワルシャワがその機能を担った。一五六九年のルブリン合同以後、共和国の地理的中心に位置するようになったワルシャワが重視された。ワルシャワは一五七三年以降、国王選挙の開催地になり、ワルシャワの王宮の建設が終わった一六一一年に国王は永続的にワルシャワに移った。だが、グダンスク、クラクフ、ワルシャワは、共和国の多くの都市の中では例外的な存在であった。

共和国の都市総数の四分の一程度を占める王領都市では、代官が市参事会に強く干渉した。さらに都市の大半を占めていたのは、実際にはマグナートが行政司法面で全権を握る私領都市であった。こうして、都市民身分は国政に参与することを否定されていた。一五〇五年以降、都市民は、クラクフ市やヴィルノ市などから発言権を持たない代表を議会に派遣するにすぎなくなっていた。

一方、農民身分は共和国で人口の三分の二をしめていた。農民身分にも様々な階層があったが、十六世紀以降彼らの多くは賦役義務を課せられ、領主の許可なき移動を禁じられ、領主裁判権に服し、農奴制のもとに置かれた。こうした農民に対するしわ寄せは、十七世紀後半以降になって共和国の衰退が顕著になるとともにさらに切実になった。そのため、農村の疲弊とともに農奴の逃亡も激しくなっていった。

十八世紀になると、十七世紀中葉のような戦乱状態は収束し、社会が一時的安定の方向に向かい始めた。社会経済の回復に伴う人口の増大、あるいは農奴制の弛緩とともに、都市への住民の流入が激しくなった。また、シュラフタ身分の中での階層分化も激化した。こうした状況が従来の身分制を見直す必要性を生んでいた。とはいえ、大幅な再編は上・中流シュラフタの反発を招きかねない。支配層の離反を招かずにどのような形で身分制の再編を行うかが問われていた。

また、国家の改造ならびに身分制再編ともかかわる問題であるが、共和国の国民をどのような形で確立していくのかという問題も俎上に上りつつあった。その際、国民の主体を共和国国民とするのか、ポーランド人とするのかという問題も問われていた。

以上のように、十八世半ばのポーランドは、国際関係、国制、社会構造いずれの面においても大きな曲がり角に直面していた。しかし、十八世紀前半の共和国は、二人のザクセン選帝侯が相次いでポーランド王位を兼ねる時期が続いた。この時期は隣国の外交政策に国政が著しく左右される状況が顕著で、地域のマグナートによる寡頭制的支配は相変わらず強固であった。それに比べて、共和国全体を統括する機関は麻痺状態であった。スタニスワフ・デューニン・カルヴィツキ（一六四〇－一七三四年）、スタニスワフ・レシチンスキ（一六七七－一七六六年）、スタニスワフ・コナルスキ（一七〇〇－七三年）などが国制改革案を作成して世に問うたが、公論を動かすには至らなかった。転換期になったのは、一七六四年に新興マグナート出身のスタニスワフ・ポニャトフスキが新国王に選出されたときであった。

スタニスワフ・アウグスト即位後の諸改革

一七六四年八月、前年に死去した国王アウグスト三世の後継者を定める選挙がワルシャワの西の郊外、ヴォラの原で執り行われた。当時、共和国に強い影響力を持っていたロシアの軍隊が見守る中、全国から集まった五千名余りのシュラフタによって選出されたのがスタニスワフ・ポニャトフスキである。彼はその後、十一月末の正式な戴冠の手続きを経て、国王スタニスワフ・アウグストを名乗った。

スタニスワフ・アウグスト（本名 スタニスワフ・アントニ・ポニャトフスキ）は新興マグナートの父スタニスワフと名門チャルトリスキ家出身の母コンスタンツィアの間に生まれた。幼少期の彼はもっぱら家庭教育によって教養を培ったが、彼の西欧への関心が深められたのは、一七四八年から五三年にかけてのオランダ、プロイセン、フランス、イギリスへの数度の西欧遊学（グランドツアー）であった。そもそも、共和国のマグナートや富裕シュラフタの若者教育の頂点と考えられたのはグランドツアーだった。目的は言葉を学び、他国の政治社会的現実を知ることだった。十六世紀の主要な滞在先はイタリアであったが、十七世紀になると、教育旅行の目的で第一位を占めたのはフランスやネーデルラントの大学だった。訪問の際に勉学以上に時間を費やしたのは大都市訪問や公や国王の館を訪れることであった。スタニスワフの遊学もその例に漏れないが、フランスのジョフラン夫人を初めとするサロンでの交流、あるいはイギリスの国制や貴族社会から学んだものはその後の彼の改革の大きな礎になった。

さらに一七五六年、イギリス公使チャールズ・ウィリアムスの随員としてサンクト・ペテルブルクに赴き、そこで愛人関係になったロシア皇太子妃エカテリーナ（後の皇帝エカテリーナ二世）との交流を通じて、彼は啓蒙主義に心酔していった。同時に彼は、共和国の伝統を踏まえつつも、時代の変化に見合った国制改革に取り組むことを望んでいた。帰国後はマゾフシェ県から代議員職に立候補したり、大法院判事選出地方議会に臨席したりすることで、地方社会におけるマグナートの派閥抗争を具《つぶさ》に見ることになった。彼は『回想録』の中で、自ら参加したウォムジャ地方の代議員選出地方議会の根回しの様子を記述している。「代議員職にたどり着くには二年毎に何百人もの人々と交際しなくてはならない。しかも彼らは、一応出生の上ではどこかの有産シュラフタを名乗ってはいるが、

図5　スタニスワフ・アウグストが国王に選出された1764年の国王選挙
（ベルナルド・ベロット作）

彼らのうち辛うじて半数の者が読み書きができるにすぎず、大半の者は過去においても、あるいは現在も、マグナートたちの従僕と化している。マグナートたちは（奉仕の証として）自分ないしは子供たちへの投票を彼らに要求する。地方議会開始前の数日間は、連日朝から晩までこの愚かな輩たちと交わり、彼らの戯言に耳を傾け、彼らの浅はかな考えを讃え、この汚らわしい貧者たちと握手することを強いられる。休息の合間には、十回以上も地方の親分と話し合わなくてはならない。絶対に他人に漏らさないという約束の上で彼らのつまらぬ争いに耳を傾け、争いごとを調停し、官職昇進をとりなしてやらなければならない。そしてシュラフタの血を引く有権者のうち、だれにどのくらいの額の現金を握らせるかを協議し、その上彼らと一緒に、汚れた食卓で貧弱な給仕のもとで三食と午餐をともにしなくてはならない」。こうした経験は改革への意思を加速させることになった。

一七六四年に国王に即位した後のスタニスワフ・アウグストは、ロシア大使から改革への一定の保障を取り付けたうえで、チャルトリスキ家など改革派マグナートの援助のもとに早速改革に着手した。全国一律関税の導入や財政委員会・軍事委員会の設置、士官学校の設立、公序良俗委員会の設置などがその柱になった。一七六四年以降の議会における急速な法律の制定数の増加は、そうした状況を物語っている。

同時に彼は、知と文化のネットワークの拠点として、前国王アウグスト三世の治世にはほとんど機能していなかったワルシャワの王宮 Zamek królewski を活用した。王宮の大規模な改築はもとより、毎週各界の知識人を集めて「木曜昼食会」Obiad Czwartkowy を開催し、当時のポーランドが抱えていた様々な社会問題を論議した。また一七七三年には、ローマ教皇クレメンス十四世によって解散を命じられたイエズス会の修道院施設を没収し、その学校組織を活用しながら、さまざまなレヴェルの学校を一元的に統括する文部省として国民教育委員会 **Komisja Edukacji Narodowej** を創設した。財政的には共和国内のイエズス会の総資産の三分の二を消失するという困難に直面したが、大学から初等学校に至る学区制の確立、実学中心のカリキュラム改編、俗人教員養成、教科書協会の設置による統一教科書作成、視学官制度を通じた学校の統一的な管理などの活動を委員会が包括的に行った。これらの文化・教育活動を通じて、「国民文化」の確立と国民国家の礎を築こうとしたことは、この国王の大きな功績であった。

　またスタニスワフ・アウグストは、傘下の直属組織として国王官房 **Gabinet Królewski** を設置した。さらに国王が持つ官職任命権をフルに活用して、各地方の官職人事で自らの息のかかった官僚を積極的に任命して、各地に「国王派」を形成していった。リトアニアの総指揮官には実弟ミハウが充

図6　戴冠式の衣装をまとったスタニスワフ・アウグスト（マルチェロ・バッチャレッリ作）

てられ、ヨアヒム・フレプトヴィチ、アンジェイ・モクロノフスキ、ヤツェク・マワホフスキなどが各地の選挙対策要員として送り込まれた。また、県知事や城代職では、マルチン・グロホルスキ（ブラツワフ城代）、アダム・フェルケジャムプ（ヴィテフスク城代）など多くの「国王派」が重責を担った。こうした活動を通じて、彼は政治面でも、十八世紀前半の共和国の王権には見られなかった大きな影響力をもつことになった。しかしこうした治世初期の改革は、一七六八年から始まる反ロシア、反国王のバール連盟（一七六八－七二年）の活動と、それを口実としてロシア、オーストリア、プロイセンが介入したいわゆる第一次ポーランド分割（一七七二年分割条約締結、一七七三年ポーランド議会で批准）によって一時中断を余儀なくされた。

だが第一次ポーランド分割後、スタニスワフ・アウグストは、国制改革の急務を痛感した改革派シュラフタたちとともに、改革のテンポを一段と速めていった。その成果のひとつが、一七七五年に立法化されたポーランド初の集団的行政機関の常設会議（常設評議会）**Rada Nieustająca** である。この会議は、三六名からなる評議会とその傘下の五つの部会で構成されていた。また部会の下には事務局が設置され、その下で専属官僚が勤務した。この改革は、ポーランドに効率的な行政機関と官僚集団を初めて設置する試みになった。ところで当時のポーランドでは、政治改革の今一つの潮流があった。それは麻痺状態にあった議会の活動を健全化し、それを中核として議会と地方議会のバランスを保ちつつ国政を充実させようとするものであった。こうした路線に立って、『匿名者の書簡』**Listy anonima** ならびに『ポーランド国民の政治的権利』**Prawo polityczne narodu polskiego** と

図7　フーゴ・コウォンタイ
（ユゼフ・ペシュカ作）

いう本格的な国制改革のプランを社会に問うたのが、法曹家で教育改革者でもあったフーゴ・コウォンタイ（一七五〇―一八一二年）であった。彼は共和国東南部の中流シュラフタの家系に生まれたが、ヤギェウォ大学での勉学ののちウィーンに留学、さらにイタリアに遊学した。帰国後はクラクフ聖堂参事会員職を務めるかたわらヤギェウォ大学学長として教育改革に辣腕を奮った人物である。このコウォンタイのプランでは、世襲王政の導入とともに、都市民固有の下院の設置を認めるなど、この時期の共和国としては極めてラディカルに身分制再編を求めるものであった。一方、ポーランド北部のピワの上層都市民出身のスタニスワフ・スターシツ（一七五五―一八二六年）はポズナンの聖職セミナリウムを経てライプチヒ、ゲッティンゲン、パリで学んだ。その後、啓蒙主義マグナートのアンジェイ・ザモイスキ家に家庭教師として雇われた。その際に執筆された『ヤン・ザモイスキの生涯に関する考察』**Uwagi nad życiem Jana Zamoyskiego**、あるいは『ポーランドに対する警告』**Przestrogi dla Polski** も重要な著作として普及した。だが一七八〇年代の半ばまでは、上記の改革や改革案を包括化する動きは実現には至らなかったのである。

一七八七年、国制改革のテンポを加速させる出来事が起った。ロシアがオスマン帝国と全面戦争に突入したのである。その結果ポーランドは、ロシアと外交的に対立していたプロイセンと同盟を結んで、ロシアの干渉を経ずに改革を推進する千載一遇の機会に恵まれた。そして一七八八年十月に開催された議会は、こうした改革に前向きな雰囲気の中で活発な議論が展開された。代議員一七四名は大半が中流シュラフタの利害を代表し、情熱と独立心に富んでいたことも議事が活性化する追い風になった。この議会は通常の会期（六週間）を幾度も延長しながら実に四年間にわたって継続した。これがいわゆる四年議会（一七八八－九二年）である。この議会は開会直後に、ひとりの議員の反対で流会になることを防止するため、連盟形式の多数決制で審議することを可決した。さらに十月十六日には、常備軍を十万人に増員する議案が採択された。ただし、常設会議がロシアの影響下にあることを警戒した代議員たちは、軍隊の管轄は今までの常設会議軍事部から議会直属の軍事委員会に移管することを望み、常設会議軍事部の廃止を可決した。さらにプロイセン＝ポーランド同盟の推進を求める改革共和派の主導権のもとで議会は、常設会議自体も廃止した。その結果、議会の路線は反ロシア、独立推進へと進んでいった。加えて、一七九〇年秋の代議員の追加選出（八八年と同数の代議員を新たに選んで従来の議員と一緒に議事を行う）によって、多くの新人議員（一七二名中一一二名）が国政に参加した点も、マグナートの派閥議員を減らす意味で重要であった。また国制案では、共和的性格の強い『政体改善要綱』Zasady do poprawy formy rządu、さらには国王派の見解も取り入れた『政体案』Projekt do formy rządu が作成され、将来の憲法のたたき台が論議されていった。この両者のプランでは、すでに集団的行政機関である「法の番人」が盛り込まれており、とりわけ『政体案』はのちの一七九一年憲法との共通性も多い。また、一七九〇年後半以降、ポーランドに不利な状況に転ずる国際関係の中で、一七九一年初頭には早急な改革法案制定を迫られることになった。その結果議会は、これまで長年にわたって積み残されていた様々な法案を相次いで可決していった。

その際議会は、新たな状況に見合った個々の分野に関する法案を可決する作業と、国家の基本法としての『統治法』を制定する作業を並行して進めていった。その作業は、一七九一年になって国王、コウォンタイ、イグナツィ・ポトツキ、スタニスワフ・マワホフスキ、スツィピオン・ピアットーリら有力者の密談によって草案が検討され、最終的にまとめられた。イタリア人ピアットーリはポトツキと親しく、同時に国王の講師を務めていた。年末にスタニスワフ・アウグストは彼に、制度の大綱を口述し、同時にポトツキ、コウォンタイ、マワホフスキと秘かに会った。一七九一年三月の内密の協議の後、憲法草案が成立した。コウォンタイによって起草された最終版は一七九一年五月三日に議会に上程された。これはピアットーリを仲介役とした、ポトツキの案と国王の案の妥協の産物であった。

こうした下準備を経て最終的な憲法制定作業が行われた。議会での憲法の可決は、その情報をまだ知らされていなかった反対派の大半が帰郷する、復活祭休暇の時期が選ばれた。改革共和派は当初、五月五日に憲法を採択しようとしたが、反対派が情報を察知している危険を考慮して採択日を五月三日に早めることにした。前日の五月二日夜には、ワルシャワのラジヴィウ宮殿で賛成派の打ち合わせが行われ、五九名が参加した。その後、マワホフスキ邸に集まった八三名の議員たちによって、「誓約」（翌日の採決で賛成票を投じる約束）の署名がなされた。

五月三日の採決はワルシャワ王宮内の元老院の間で行われた。当日の議題を察知していたワルシャワの多くの市民が王宮を取り巻いていた。また議場には、代議員の士気を高めるために、議場の傍聴席には特別に選出された公衆が参加した。議員の参加者は、ヤン・ディームによれば一八二名

図8　イグナツィ・ポトツキ
（マテウシュ・トカルスキ作）

図9　スタニスワフ・マワホフスキ
（ユゼフ・ペシュカ作）

であった。これは総議員数五〇一名のおよそ三分の一にあたる。そのうち主として国王派と改革共和派からなる賛成派は一一〇名、軍司令官派などの反対派は七二名であったと言われている。以下に当日の議事進行を概要を辿ってみたい。

十一時に議長のスタニスワフ・マワホフスキが開会を宣すると、慣例に従ってマウォポルスカ州、クラクフ県の議員から伝統的な県・地方・郡の順番に順次発言する（これをトゥルヌスという）ことになった。クラクフ県出身代議員のスタニスワフ・ソウティクは、「今という好機を逃せばポーランドは外国の餌食になる」と口火を切った。次に大仰なジェスチャーで発言したのはカリシュ県出身代議員ヤン・スホジェフスキであった。彼はスタニスワフ・アウグストが創設した聖スタニスワフ勲章を引きちぎり、「今企てられているのはスウェーデン流のクーデタである。（中略）これは専制である。この自由を抹殺するクーデタに我々ポーランド人は反対しているということをヨーロッパに知らせるべきである」と叫んだ。しかし彼の奇妙な振る舞いは議場の失笑を買い、カミエニェツ司教アダム・クラシンスキに「狂人は去れ」と罵られる始末であった。続いて、外交評議会メンバーであったタデウシュ・マトゥシェヴィチが、ポーランドがいかに危険な状況に置かれているかを力説し、ウィーン、パリ、ハーグ、ドレスデンなど各国駐在ポーランド公使の書簡を朗読した。今のポーランドではこうした状況になすすべがない。愛国心なくしてはポーランドは滅亡すると結んだ。次いで改革共和派を代表してイグナツィ・ポトツキが、「王権の強化、存命中に後継者を任命することは必要である」と述べて、国王に対して祖国救済の手段を見せるように要求した。さらにスタニスワフ・アウグストは、議長マワホフスキに対して『統治法』の朗読を求めた。それを受けて議会秘書官アントニ・シアルチンスキが『統治法』の概要を朗読すると、議場から「可決を！」の声があがったが、反対者の状況も考慮して全体討論へと移った。

この討論では二二名が発言した。その中で最もセンセーショナルだったのは、またしてもスホジェフスキの発言だった。彼は六歳の息子とともに現れるや否や、「隷属状態になるのなら、私は息子を殺す」と威嚇したのである。しかし周囲の参加者によって父と子は引き離され、酔いのまわった父は議場から放逐された。それ以外で反対者たちの論拠になったのは、「憲法の中の世襲王政の条文

図10　5月3日憲法制定を記念してフランスで作られた懐中時計の文字盤

一番内側の正方形の中には、「国王は国民とともに、国民は国王とともに」（左部分：5月3日憲法のスローガン）と記され、その外側の正方形の中はこの憲法で否定された4つの「悪弊」、すなわち党派精神、国王選挙、無政府・無秩序、偏見が記される。さらにその外側の黒い部分には、この憲法が掲げた4つの理念、すなわち自由、名誉、力、安全が掲げられている。当時のポーランドの改革に対するフランス側のイメージが示されていて興味深い。

は指示書の内容と一致しない、印刷物は極めて重要なので全員に配布すべき」（ヴィルノ地方判事タデウシュ・コルサク）、「憲法は自由の墓場である。世襲制では国王に意見する者がいなくなる」（アントニ・スタニスワフ・チェトヴェルティンスキ）など、憲法は自由を侵害するものであるという主張であった。一方賛成派の主張としては、「我々の案は英米のそれよりも優れている。この案は我々を幸福へと導く」（スタニスワフ・マワホフスキ）、「国王選挙は自由の墓場である。しかも選挙を行っているのは一握りの有力者のみである。専制と継承された王位というのはまったく違う概念である。（中略）マグナート支配を終わらせるべきである」（ポズナン県知事イグナツィ・ザクシェフスキ）、あるいは「王位が継承されていた時代、ポーランドは繁栄していた」（トロキ県出身代議員トマシュ・ミネイコ）という発言が中心であった。そして賛成派は、ロシアの軛《くびき》を断ち切るためには憲法維持は必要であるという主張を加えていった。「我々はモスクワの軛を断ち切った。共和国を救えるのは我々だけなのである」（ドブジン地方出身代議員ヤン・ネポムツェン・ズボインスキ）。そして、議場を決定的に動かしたのは、「我々は何を待っているのか。ロシアに従属することとか。我々は力なく外国の暴力に屈して、シベリアやカムチャツカに連れ去られることを期待しているのか。『統治法』を今日中に決議しなくてはならない」（リフ県出身代議員ピウス・キチンスキ）という発言であった。

この段階で議事は既に六時間続いていた。そのため、討議や発言《トゥルヌス》ではなく早急な決定をという声が高まった。その後反対者のみから意見を聴取するという形がとられ、九名の議員が意見を表明したが、議場の雰囲気を覆すには至らなかった。そしてインフランティ出身代議員ミハウ・ザビェウォが「全員が制定に同意するようにすべきである。国王陛下が先例を示し、率先して誓いを立てるべきである」と述べると、ほとんどの議員が誓いを求めて国王に駆け寄った。ここで今一度スホジェフスキが登場する。彼は、「あなたは一度誓っているのでもう誓ってはいけない。採決する場合は私の死体を越えていかなくてはならない」と発言したが、他の議員から祖国の裏切り者と罵られ、再度議場から追い出されてしまった。

その後スタニスワフ・アウグストはクラクフ司教フェリクス・トゥルスキに対して誓いの定型文を読むよう命じた。朗読が終わると国王は、聖書に手を当てて誓約した。「私は神に対して後悔しないことを誓う。祖国を愛する者たちよ、私とともに大聖堂に行き誓いを立てよう」。議場からも教会で神に誓約せよとの声が上がった。

図11　5月3日憲法への誓約（グスタフ・タウベルト作）

約三〇名の反対派が議場に居残る中、国王と反対派以外の議員たちは王宮から歩いて数分の聖ヤン大聖堂に向かった。クールラント公女が国王を祝福する中、国王は聖堂の祭壇に進んでいった。ここでもクラクフ司教トゥルスキが定型文を読み、国王は誓約の言葉を発した。それを司教、大臣、両院議員が繰り返し、さらに神を称えるテ・デウム（カトリックの賛歌）の合唱が行われた。その後国王は「今度は議会に戻って事を完遂しよう」と述べ、二〇時三〇分に議場に戻り、全軍に誓約させた。さらに、議事の続きを五月五日に行うことに決した。以上が当日の経緯である。

この決議の過程は、二つの点で通常の議事と異なっていた。一つは、本来法案は上程前に議員に印刷して配られるものであったが今回は配られなかった。そのため当日まで内容を知らなかった者も多数いたという点である。二つ目は、本来の議決方法は多数決の無記名投票を含むものであったが、当日反対者が多数いたため、憲法擁護派は国王が法的裁可を与えるかたちで可決するのが最良と考え、そのように進行したという点である。これらの点を考えると、憲法がクーデタ的に採決されたという側面も否定できない。その点を衝いて反対派は、「憲法＝陰謀、裏切り」という主張を声高に唱え、「憲法の制定過程は不正規で陰謀に満ちていた」、「法の侵犯と議会議事の逸脱は疑いえない」、「法案は印刷したうえで三日間の閲覧が必要なのに、そうした手続きなしに可決された」と主張していくことになる。

翌五月四日になると、賛成派は地方や外国へ積極的に特使を派遣して憲法制定をアピールした。一方二八名の反対派代議員は、グルト（シュラフタの法廷）に対して憲法制定の暴力性を訴えた。

こうした状況の中で、五月五日の議事再開を迎えることになった。ここで議事の焦点になったのは、憲法評議会が署名することで憲法の正統性を確保することであった。その点に関してクラクフ県出身代議員アレクサンデル・リノフスキは「聖堂で誓いを立てたので、後は署名のみでよい」と発言し、多くの議員の賛同を得た。さらに殉教者でもあり、ポーランド王冠の保護者でもあった聖スタニスワフをたたえる日である五月八日は、現国王への礼賛と重ね合わされて、国家・教会合同の祝日とする提案がインフランティ司教ユゼフ・コッサコフスキから出された。こうした議事進行の中でコッサコフスキ以外にも四名の反対派が賛成に回った。当日の議事は滞りなく行われ、多数が憲法を支持した。そして『集められた諸身分の宣言』が採択され、評議会メンバーたちの憲法に対する署名が行われた。これは五月三日の採決上の不備を補うものでもあった。

その結果賛成派たちは、三日と五日の両方の決議をセットにして、議事は正規の形で定められたと解釈するようになった。リノフスキも、「五月五日の評議会の署名によって不正な側面は払拭された」と述べている。

以上が憲法の歴史的背景と制定までの経緯である。次に憲法の全文を紹介したい。

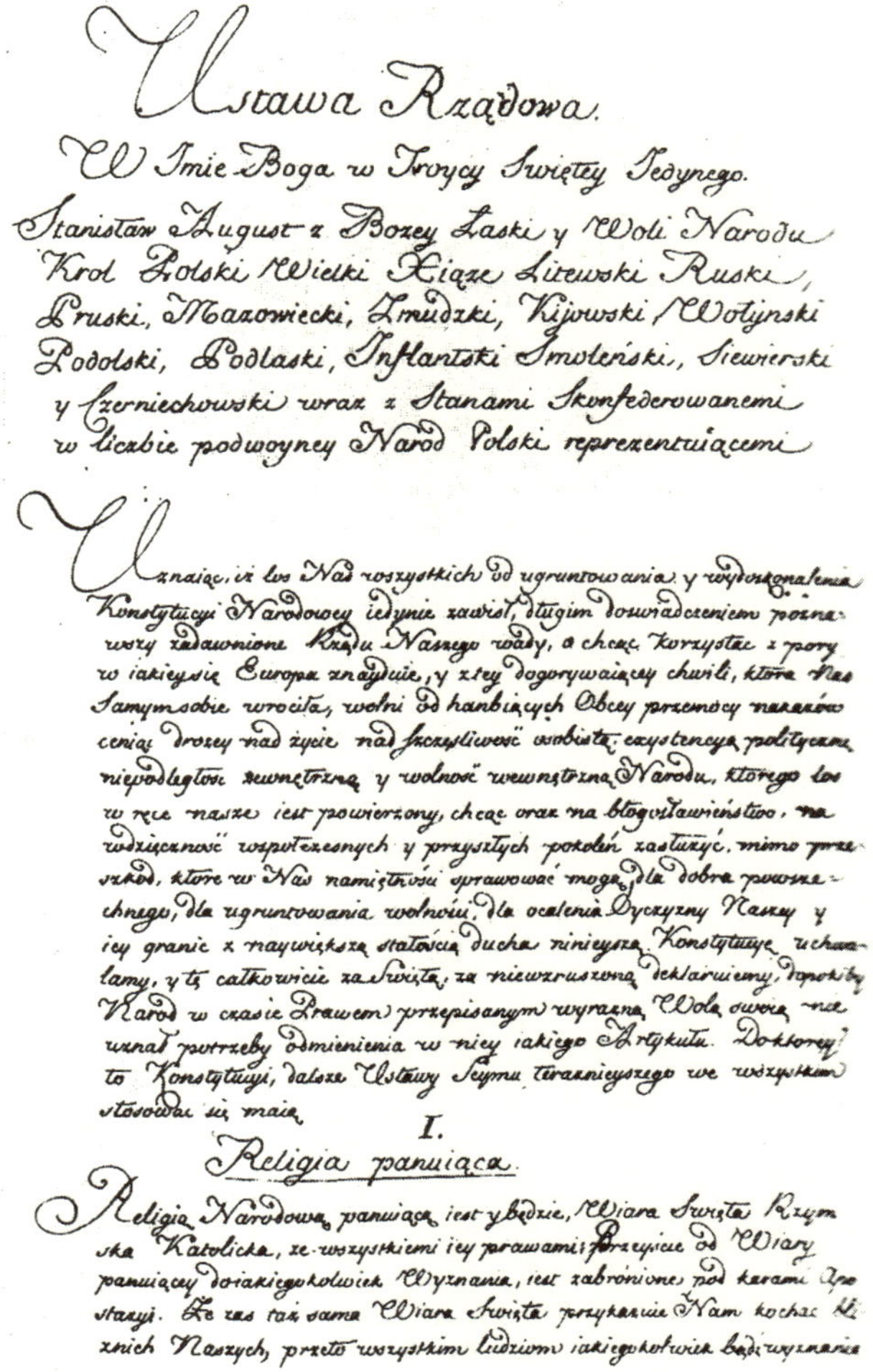

Ustawa Rządowa.

W Imie Boga w Troycy Swiętey Iedynego.

Stanisław August z Bożey Łaski y Woli Narodu Krol Polski Wielki Xiąże Litewski Ruski, Pruski, Mazowiecki, Zmudzki, Kijowski, Wołynski Podolski, Podlaski, Inflantski Smoleński, Siewierski y Czerniechowski wraz z Stanami Skonfederowanemi w liczbie podwoyney Narod Polski reprezentuiącemi

Uznaiąc, iż los Nas wszystkich od ugruntowania y wydoskonalenia Konstytucyi Narodowey iedynie zawisł, długim doswiadczeniem poznawszy zadawnione Rządu Naszego wady, a chcąc korzystać z pory w iakiey się Europa znayduie, y z tey dogorywaiącey chwili, ktora Nas Samym sobie wrociła, wolni od hanbiących Obcey przemocy nakazow ceniąc drożey nad życie nad szczęśliwość osobistą egzystencyą polityczną, niepodległość zewnętrzną y wolność wewnętrzną Narodu, ktorego los w ręce nasze iest powierzony, chcąc oraz na błogosławieństwo, na wdzięczność wspołczesnych y przyszłych pokoleń zasłużyć, mimo przeszkod, ktore w Nas namiętności sprawować mogą, dla dobra powszechnego, dla ugruntowania wolności, dla ocalenia Oyczyzny Naszey y iey granic z naywiększą stałością ducha niniieyszą Konstytucyę uchwalamy, y tę całkowicie za świętą, za niewzruszoną deklaruiemy, dopokiby Narod w czasie Prawem przepisanym wyraźną Wolą swoią nie uznał potrzeby odmienienia w niey iakiego Artykułu. Do ktorey to Konstytucyi, dalsze Ustawy Seymu teraznieyszego we wszystkim stosować się maią.

I.

Religia panuiąca.

Religia Narodowa panuiącą iest y będzie, Wiara Swięta Rzymska Katolicka, ze wszystkiemi iey prawami. Przeyście od Wiary panuiącey do iakiegokolwiek Wyznania, iest zabronione pod karami Apostazyi. Że zaś taż sama Wiara Swięta przykazuie Nam kochać bliźnich Naszych, przeto wszystkim ludziom iakiegokolwiek bądź wyznania

図12 『統治法』(5月3日憲法) 手稿の冒頭部分 (序章と第１条の一部)

2 ［史料］一七九一年五月三日憲法『統治法』Ustawa Rządowa（全文）

〔 〕内は訳注。

聖なる三位一体の神の名のもとで

神の恩寵と国民の意思に基づいてポーランド国王、リトアニア大公、ルシ、プロイセン、マゾフシェ、ジュムチ、キエフ、ヴォウィン、ポドレ、ポドラシェ、インフランティ、スモレンスク、シェヴェル、チェルニフフ〔の諸地域を治める〕スタニスワフ・アウグストが、ポーランド国民を代表して定数を倍にした連盟の諸身分とともに〔記す〕。

長年の経験によって我々の制度の老朽化した欠陥を知った上で、我々すべての命運がひとえに国民の制度の確立と充実にかかっていることを認め、同時に、ヨーロッパがおかれている好機と、我々を自分自身に戻したすでに燃え尽きようとするこの瞬間とを利用しようとすることで、我々は他国の屈辱的な命令や強制から自由になる。また、その命運が我々の手に委ねられている国民の政治的存在と対外的独立と国内における自由を、我々の生命や個人的幸福よりも貴いものと評価し、現在と今後の世代の人々の幸福と願望に応えることへの祝福と感謝を望みつつ、我々を不安に駆り立てるような障害にも拘らず、普遍的な繁栄のため、自由を根付かせるため、祖国とその国境を守るために、断固たる決意をもって以下の憲法を定める。そして国民が、法に記載された時期に、自らの明確な意思をもって憲法のいずれかの条項の改正の必要を認めるまでは、それが完全に神聖であり不可侵なものであることを宣言する。現在の議会が定めた以後の法規も、すべての点でこの憲法に従うことになる。

第一条　支配的宗教

神聖なるローマ・カトリック信仰は、それに付随するあらゆる権利と共に、国民の支配的宗教であり、今後もそうあるべきである。支配的信仰から何らかの別の宗教に改宗することは、背教の罪のもとに禁じられる。しかし、まさにこの神聖なカトリック信仰自体は、我々の隣人を愛することを命じている。それゆえ、あらゆる人々に対して、いかなる信条をもつ者にも信仰上の平和と統治機関の保護が義務付けられる。それゆえ国法に従って、ポーランドの諸地域におけるあらゆる儀礼と宗教の自由を我々は保障しなくてはならない。

第二条　地主であるシュラフタ

自由な統治の生みの親としてのわれわれの父祖の記憶を尊重して、シュラフタ身分には公私の生活におけるあらゆる自由、大権、優先権を厳かに保障する。とりわけ、カジミェシュ大王以来、ルドヴィク・ヴェンギェルスキ、ヴワディスワフ・ヤギェウォとその弟のリトアニア大公ヴィトルト、さらにはヤギェウォ家出身のヴワディスワフとカジミェシュ、ヤン・アルベルト〔オルブラフト〕、アレクサンデルとジグムント一世の兄弟、そしてヤギェウォ家の血をひく最後の王ジグムント・アウグストによって正当かつ合法的に発せられたもろもろの法や議会制定法や特権を確認かつ保障し、不可侵であることをここに認める。ポーランドにおけるシュラフタ身分の名誉は、どこで用いられるシュラフタ身分の位に対しても等しいことを認める。あらゆるシュラフタは、官職の取得や、名誉、名声、利益をもたらす祖国への奉仕などにとどまらず、シュラフタ身分に与えられた特権や大権の行使においても、たがいに平等であることを認める。とりわけ数世紀にわたってシュラフタに与えられてきた人身保護、個人的自由の権利、土地や動産の所有権も神聖で不可侵なものとして保持する。誰かの所有権に対するいかなる変更も、法律上の例外も認めないことを厳かに宣する。国内の最高権力と最高権力が設置した統治機関は、レガリア〔国王が付与する様々な特権〕の権利に基づいたいかなる文言や他のいかなる口実をもってしても、部分であれ全体であれ、公民の所有権に干渉することはない。それゆえ、人身の保護と、法によって何人かに所属が確認されているあらゆる所有権とは、社会の真の絆として、公民の自由の瞳として尊重し保障し容認する。加えてそれらの権利は、子々孫々の代にわたって尊重され保障され侵害されないことを認める。我々はシュラフタを、自由と本憲法の第一の擁護者として認める。祖国と我々の自由の唯一の砦として、本憲法の神聖さを敬い、その継続を守ることは、各々のシュラフタの美徳、公民権、名誉に委ねられる。

第三条　都市と都市民

現在の議会で定められた『共和国諸地域における王国自由都市（法）』は完全に維持されるとともに、その法がこの憲法の一部であることを宣言する。同時にこの法は、ポーランドの自由なシュラフタにとって、彼らの自由と共通の祖国の安全とを保障する法であり、新しい真の効果的な力を与える法であることを宣言する。

第四条　農民

農民は、彼らのもとから国富の最大の源泉が生み出され、国民の中で最も人口が多いがゆえに国のもっとも活発な力である。彼らは、正義や人道性やキリスト教の義務だけでなく、我々自身の利益という観点からもよき配慮がなされ、法と国内統治権力の保護下に置かれなくてはならない。それゆえ以後は、土地相続者がその領地の農民に対して実際に与える何らかの自由や許可や契約は、それらが集団のものであっても、個々の村の各々の住民とのものであっても、共通かつ相互の義務となる。それらの許可や契約に含まれる記述や条件は実際の意味に従って、国の統治権力の保護下に置かれる。土地所有者によって自発的に受け入れられたそのような関係とそれに発する義務は、彼自身だけでなくその継承者や土地所有権獲得者によっても同様に結ばれなくてはならず、彼らが勝手に変更することは許されない。反対に、自由意思での契約の場合でも許可を受けた場合でも、一定の土地を保有する農民は、それに付随する義務を排除することはできない。その契約に規定された方法と条件のもとでのみ、永代あるいは一定の期間その義務を厳守しなくてはならない。このような方法で、農民がもたらすあらゆる利得が土地相続者に帰属することを彼らに保障すると同時に、もっとも効果的に国内人口を増大させることを願って、新たに入植する者だけでなく一度は祖国を去ったが今また帰国を望む者に対して、完全な自由を告知する。それだけでなく、どこかの国から共和国の諸地域に新たに移住したり帰国したりする者には、ポーランドの地に足を踏み入れたその時から、どこでも、どのような形でも自分の才能を用いることができ、土地所有や労働地代や金納地代に関してどのような形でもどんな期間でも契約する自由を認める。都市でも農村でも居住することは自由であり、自由意思で自分が受け入れた義務さえ果たせば、ポーランドに居住するのも、望む国に戻ることも自由である。

第五条　政治体制、もしくは公共諸権力の定義

人間社会のあらゆる権力は国民の意思に端を発している。国家の統一や公民の自由や社会の秩序を、常に等しい比重で永遠に保つためには、ポーランド国民の政治体制を三つの権力が構成せねばならない。そして、この法の意思によって永遠に構成されることになるのは、以下の権力、すなわち集められた諸身分に存する立法権、国王と「法の番人」の中にある最高執行権、そしてこの目的

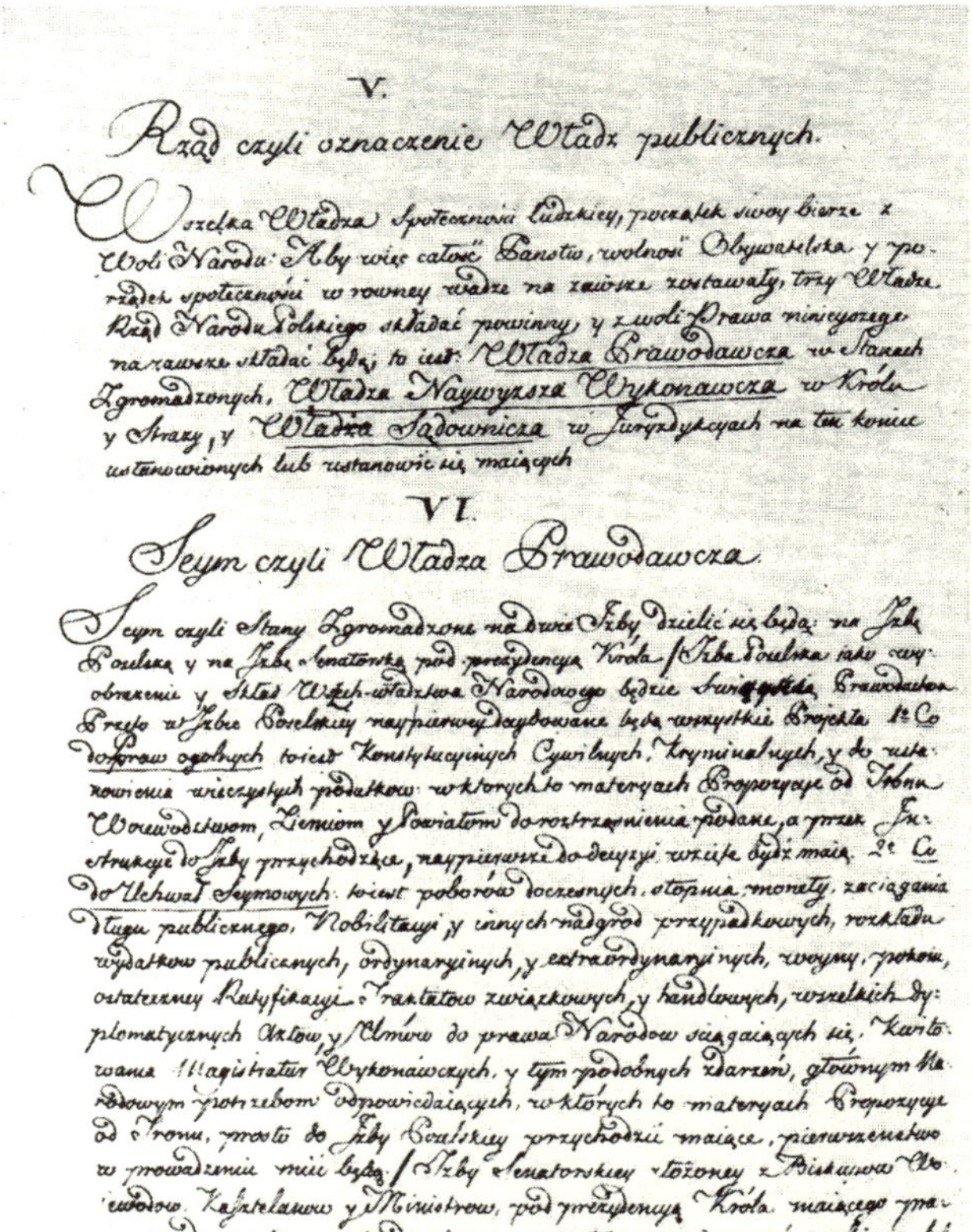

V.

Rząd czyli oznaczenie Władz publicznych.

Wszelka Władza Społeczności ludzkiey, początek swóy bierze z Woli Narodu: Aby więc całość Państw, wolność Obywatelska y porządek społeczności w równey wadze na zawsze zostawały, trzy Władze Rząd Narodu Polskiego składać powinny, y z woli Prawa niniejszego na zawsze składać będą, to iest: Władza Prawodawcza w Stanach Zgromadzonych, Władza Naywyższa Wykonawcza w Królu y Straży, y Władza Sądownicza w Jurysdykcyach na ten koniec ustanowionych lub ustanowić się maiących

VI.

Seym czyli Władza Prawodawcza.

Seym czyli Stany Zgromadzone na dwie Izby dzielić się będą: na Izbę Poselską y na Izbę Senatorską pod prezydencyą Króla. Izba Poselska iako wyobrażenie y skład Wszech-władztwa Narodowego będzie świątynią Prawodawstwa. Przeto w Izbie Poselskiey naypierwey decydowane będą wszystkie Proiekta 1° Co do Praw ogólnych to iest Konstytucyinych, Cywilnych, Kryminalnych, y do ustanowienia wieczystych podatków, w których to materyach Propozycye od Tronu Województwom, Ziemiom y Powiatom do roztrząśnienia podane, a przez Instrukcye do Izby przychodzące, naypierwsze do decyzyi wzięte być maią. 2° Co do Uchwał Seymowych, to iest poborów doczesnych, stopnia monety, zaciągania długu publicznego, Nobilitacyi y innych nagród przypadkowych, rozkładu wydatków publicznych, ordynaryinych, y extraordynaryinych, woyny, pokoiu, ostateczney Ratyfikacyi Traktatów związkowych, y handlowych, wszelkich dyplomatycznych Aktów y Umów do prawa Narodów ściągaiących się, kwitowania Magistratur Wykonawczych, y tym podobnych zdarzeń, głównym Narodowym potrzebom odpowiadaiących, w których to materyach Propozycye od Tronu, prosto do Izby Poselskiey przychodzić maiące, pierwszeństwo w prowadzeniu mieć będą. Izby Senatorskiey złożoney z Biskupów, Woiewodów, Kasztelanów y Ministrów, pod prezydencyą Króla maiącego prawo raz dać votum swoie, drugi raz paritatem rozwiązywać osobiście lub nadesłaniem zdania swego do teyże Izby obowiązkiem iest. 1° Każde prawo, które po przeyściu formalnym w Izbie Poselskiey do Senatu natychmiast przesłane być powinno, przyiąć lub wstrzymać do dalszey Narodu deliberacyi opisaną w Prawie większością głosów; przyięcie, moc, y świętość Prawa, nadawać będzie; wstrzymanie zaś, zawiesi tylko Prawo do przyszłego Ordynaryinego Seymu na którym gdy powtórna nastąpi zgoda, Prawo zawieszone od Senatu przyiętym być musi. 2° Każdą uchwałę Seymową w materyach wyżey wyliczonych, którą Izba Poselska

図13 『統治法』（5月3日憲法）手稿の第5条と第6条の冒頭

のために設けられているか、あるいは新たに設けられる予定の裁判所の中にある裁判権である。

第六条　議会、もしくは立法権

議会、もしくは集められた諸身分は、二つの院で構成される。代議院と、国王を議長とする元老院である。

代議院は国民が全権であることの化身かつ統合体として、立法の聖域となる。それゆえ、すべての議案はまず代議院で決議される。（一）議会制定法、民法、刑法などの一般法規や、常設税の制定に関しては、それらの問題について王権からの提案が県や地方や郡に審議のために送られ、指示書〔訳注　指示書とは、各地方議会が全国議会開催前にその全国議会で討議される予定の議題に関して箇条書きで具体的主張を記した文書〕を通じて代議院に戻され、優先して決議されることになる。（二）議会の決定に関するもの、すなわち臨時徴税、貨幣単位の設定、公債発行、貴族身分授与ほかの機会に応じた褒賞、通常と臨時の公共予算、宣戦と講和、同盟条約や商業協定、国民の権利と結びついたあらゆる外交上の文書や契約の最終的な批准、行政官庁の検証など、国民の本質的必要に沿った行為、以上のような案件については、王権の提案が直接代議院に送られることになる。これらの案件は議事において優先権を持つ。

国王を議長として、司教、県知事、城代、大臣で構成される元老院では、国王は通常時において一票の投票権をもつとともに、票が同数の場合には二票目を用いて自身で決断を下すか、自分の見解を元老院に送付する。元老院の任務は以下の二つである。（一）代議院での正式な審議ののち直ちに元老院に送られるべき各々の法は、法に記された多数決の形態によって採択されるかあるいは、さらなる国民の審議に委ねられるために留保されなくてはならない。採択された場合には法に効力と神聖性が与えられるが、留保とした場合は、次回の通常議会に先送りされる権限しか残らない。そして次回の通常議会において再び合意が得られれば、元老院が留保した法は採択されなくてはならない。（二）上に挙げたような問題における議会の個々の決議は、代議院が多数決決議の後に即刻元老院に送付を義務付けられているが、法に則った両院合同の多数決が諸身分の決定や意思になる。「法の番人」においても、委員会においても、元老院議員や大臣は自らの職務を遂行する目的をもっており、議会においては決定権を持たず、議会の要望に応じて説明をするためだけに元老院に席を占めているにすぎない。

議会は立法面でも、通常手続き上でも常に開催可能となる。議会は二年ごとに開催され、『議会法』の規定に従って継続する。突然の必要に応じて召集される議会は、召集目的となった議題のみを、あるいは召集後に偶然生じた必要事項を決議すべきである。通常議会で制定されたいかなる法も、この議会においてこれを廃止することはできない。議会は代議院、元老院いずれも、下位の法で規定された定員によって構成される。

現議会で制定された『地方議会法』は、公民の自由のもっとも基本的な原則として厳かに尊重されなくてはならない。

しかし立法権は、すべての者によって遂行されることは不可能であるので、国民はその点に関して代表者、すなわち自由意思で選ばれた国民自身の代議員に託する。それゆえ、地方議会で選ばれた代議員たちは本憲法に則って、立法においても国民全体の必要においても、全国民の代表として国民全体の信頼を構成する要素とみなされるべきであることを定める。

すべての法案はどこでも、多数決によって決せられなくてはならない。それゆえ、「リベルム・ヴェト（自由拒否権）」やあらゆる連盟や連盟形態の議会*は、本憲法の精神に抵触し、統治を転覆し、社会を破壊するものであり、今後永遠に廃止する。

また一つには、国民憲法の衝動的で頻繁な改正を防ぐためにも、他方では公共の福利に関する憲法の効果を体験した後で、それをさらに良くする必要を認めるために、憲法改正もしくは改善の間隔を二五年と定める。そのような立憲議会を望む場合には、憲法改正のための特別な法規定に基づいた臨時議会となる。

第七条　国王、執行権

どれほどすぐれた統治権力でも、活力ある執行権なくしては成立しえない。国民の幸福は正当な

*訳注　連盟は中世以来、特定の公的目的達成のためにシュラフタなどの身分集団によって結成された政治連合である。その連盟の形態を取った議会では、多数決での議決が要求されていたが、この条文ではむしろ議会内連盟という一定の議会内勢力による決定を分派として批判しているものと捉えられる。

法に、その法の効力はその執行に懸っている。これまでの経験が指し示すように、統治府のこの部分を無視したことがポーランドを不幸で満たしてきた。それゆえ、自由なポーランド国民には法の制定権を委ねるとともに、あらゆる執行権に対する監視権限や、諸官庁の役人の選出権限や、法の最高執行権は評議会の中の国王に委ねる。その評議会は「法の番人」と名付けられることになるだろう。

執行権には法の監視とその執行が厳しく課せられる。執行権は法が許容する範囲において、法が監督や執行を必要とする場合に、また法が強い援助を必要とする場合において、おのずと機能することだろう。すべての諸官庁は常に「法の番人」に従属すべきであり、不従順で義務を遂行しない官庁に対する強制執行権が「法の番人」に委ねられる。

執行権には法の制定権や解釈権、何らかの名目で課税をしたり徴収をする権限、公債を発行する権限、議会が定めた財政収入の配分を変更する権限、宣戦講和を行ったりいかなる条約や外交文書も最終的に締結する権限は与えられない。ただし暫定的に外国と交渉を行い、一時的かつ臨時に生じた国内の安全と平和のための必要を解決することは許されるが、それらについては直近の議会で報告がなされなくてはならない。

ポーランド王位は、常に家系を選出する形態が望ましく、そのように定める。一時的に秩序を転覆させた空位期による周知の混乱、ポーランド各地方の住民の運命を守り外国列強の影響力に永遠に道を閉ざす義務、統治が絶えず続いていた世襲制時代の我々の祖国の繁栄と幸福の記憶、また外

郵便はがき

切手を貼って下さい。

232-0063

横浜市南区中里1—9—31—3B

群像社　読者係　行

＊お買い上げいただき誠にありがとうございます。今後の出版の参考にさせていただきますので、裏面の愛読者カードにご記入のうえ小社宛お送り下さい。お送りいただいた方にはロシア文化通信「群」の見本紙をお送りします。またご希望の本を購入申込書にご記入していただければ小社より直接お送りいたします。代金と送料（一冊240円から最大660円）は商品到着後に同封の振替用紙で郵便局からお振り込み下さい。

ホームページでも刊行案内を掲載しています。http://gunzosha.com
購入の申込みも簡単にできますのでご利用ください。

群像社　読者カード

●本書の書名（ロシア文化通信「群」の場合は号数）

●本書を何で（どこで）お知りになりましたか。

1 書店　2 新聞の読書欄　3 雑誌の読書欄　4 インターネット
5 人にすすめられて　6 小社の広告・ホームページ　7 その他

●この本（号）についてのご感想、今後のご希望（小社への連絡事項）

小社の通信、ホームページ等でご紹介させていただく場合がありますのでいずれかに○をつけてください。（掲載時には匿名に する・しない）

お名前《ふりがな》

ご住所
（郵便番号）

電話番号
（Eメール）

購入申込書

書　名	部数

国やポーランドの有力者に王権への野心を閉ざす必要、国民の自由を一致して守っていくことの必要は、ポーランド王位を継承する法則（世襲制）に委ねることが理に適っていることを指し示すのである。神の恵みが許し給う私の代の後、現ザクセン選帝侯がポーランド王位に就くことを定めたい。[*1]将来のポーランドの世襲王家は今日のザクセン選帝侯、フリードリヒ・アウグストに始まる。そして、その男系の継承者たちにポーランドの王位が与えられる。君臨する国王の長男が父の死後、王位を継承すべきである。しかし、現在のザクセン選帝侯が男子を残さない場合は、選帝侯によって諸身分の合意の上で選ばれた彼の娘の夫が、ポーランド王位の男系継承者の家系を創始する。それゆえ、選帝侯の娘、マリア・アウグスタ・ネポムツェナをポーランドの王女と宣する。ただし国民には、初めの家系が絶えた後に次の家系を王位に選ぶことが出来るという、いかなる時効もない権利を保持する。

王位に就く国王は皆、神と国民に対して、本憲法を守り、パクタ・コンヴェンタ[*2]を結ぶという誓いを立てることになる。パクタ・コンヴェンタは、王位に指名されることになる現ザクセン選帝侯との間に交わされ、以前と同じように拘束力を持つことになる。

国王の身体は神聖であり、あらゆるものから身の安全を保障される。自らは自分を通じて何も行

＊1　共和国では一六九七－一七六三年の間、ザクセン選帝侯が王位についており、その前例があった。
＊2　新国王が即位時に議会との間に交わす協約。

わず、国民に何ら責任を負うことはできない。専制者ではなく、国民の父であり統治者でなくてはならない。法とこの憲法は、そのようなものとして国王を認めることを宣言する。パクタ・コンヴェンタで記載される収入と王位固有の大権は、本憲法によって将来の選帝侯に保障され、侵害されることはありえない。

あらゆる公文書、大法院、法廷、官庁、貨幣、公印は国王の名のもとに執行ないしは発行される。国王には善き行為を行う力が保持されるべきであり、それゆえ国家反逆罪の場合を除いた死刑宣告者への恩赦権を与えられることになる。戦時における国防軍の最高指揮権も国王に属する。軍司令官の任命も国王の権限であるが、国民の意思によって自由に変更できる。下位の法規の規定に従って将校の資格を授与し、官吏を任命すること、この規定に基づいて司教や元老院議員を任命し、執行権第一の官吏たる諸大臣を任命することも国王の義務である。

「法の番人」すなわち国王評議会は、全体の監督と法の執行のために国王の傍らに設置されるものであり、以下の者で構成される。（一）ポーランドの聖職者の長ならびに教育委員会〔国民教育委員会（一七七三―九四年）のこと。一七七三年、国王や有力マグナートを中心に創設された。全国の様々な教育機関を統括した、ヨーロッパ最初の文部省である〕総裁たる首座大司教。ただし、序列第一位の司教によって代行も可とする。彼らは決議に署名することはできない。（二）五名の大臣。すなわち警察大臣、印璽大臣、軍事大臣、財務大臣、外務印璽大臣。（三）二名の秘書官。うち一人は「法の番人」の議事録を、もう一人は外交の議事録を保管する。二人とも決議の投票権はない。

幼少時を過ぎた王位継承者は、憲法に誓いをたて、すべての「法の番人」の会議に発言権は持たずに臨席することができる。

二年ごとに選出される議会の議長は、「法の番人」の決定に関与する権限はないが、常設議会を招集するためだけに「法の番人」の会議に加わる。常設議会を必ず召集することが要求され、議長がその実際の必要を認めたにもかかわらず、国王がその招集を禁じた場合には、議長は代議員と元老院議員に対して、回覧状を発行し、彼らを常設議会に招集し、その理由を表明しなくてはならない。ただし、常設議会を必ず招集するのは以下の場合に限られる。(一)国民の権利に脅威を与えるような突然の必要が生じた場合、とくに近隣での戦争の場合。(二)国が革命の脅威に晒《さら》されるか、あるいは諸官庁の間に争いが生じたような混乱状態。(三)全国的な飢饉の危険が明らかな場合。(四)国王の死去や危篤によって祖国に統治者が欠けた場合。「法の番人」のあらゆる決定は上記の構成員によって行われる。法の遂行のための意志が一つにまとまることを重んじて、国王の決定は、あらゆる意見を聴取した後に、優先されなくてはならない。それゆえ、それぞれの「法の番人」の決定は、国王の名のもとに国王の署名を添えて発せられる。しかし、「法の番人」に籍を置く大臣の一人の署名も添えられていなくてはならない。このような署名を経た決定はとりわけ、この法律から明らかに除外されていない問題と何らかの関係をもつ委員会や執行官庁を従える拘束力を持つとともに、それらの機関によって履行されなくてはならない。「法の番人」に出席している大臣のいずれもが決定に署名することを望まない場合には、国王はその決定を撤回しなくてはならない。しかしもし、国王がその決定に固執する時には、議会の議長は国王に対して常設議会の招集を懇請する。国王がその招集を早急に行わない場合には、議会の議長がそれを行わなくてはならない。

あらゆる大臣の任命権とともに、大臣のうち個々の行政分野ごとに一名を国王自身の会議、すなわち「法の番人」に招集することも国王の権限である。大臣を「法の番人」に在籍させておく任期は二年であるが、国王の承認があれば任期延長も自由である。「法の番人」に在籍する大臣は、委員会に出席することはできない。

しかし、議会の両院合同の無記名投票によって三分の二以上の賛成を得て、大臣――「法の番人」に籍をもつか否かを問わず――の更迭が望まれる場合は、国王は直ちにその者に代えて別の者を大臣に任命しなくてはならない。

「法の番人」があらゆる犯罪に関して国民に厳しく責任を負うために、以下のことを定める。もし大臣が、彼らが法についての罪を犯しているかどうかの行動を査察するために設けられた部会によって訴追された場合には、彼らは個人的にも財産上も責任を負わなくてはならない。この種の訴追がなされた場合はいつでも、両院合同の諸身分が単純多数決で同意すれば、訴追された大臣の身柄を議会法廷に送る。その目的は、彼らを正当に罪相当に処罰するか、無実を認めて処罰を免除するかのいずれかを決めるためである。執行権を確実に遂行するために、独立した委員会を設置する。それらの委員会は「法の番人」と密接に連携を取り、「法の番人」への服従を義務付けられる。委員たちは、法が定めた期間、自分の官職の遂行のために議会によって選ばれる。（一）教育、（二）警察、(三) 軍事、(四) 財政の四つの委員会が設置される。
この議会で設置された各県の秩序委員会は、やはり「法の番人」の監督下に属するが、それぞれの委員会の権利と義務の問題に関して、上記の四つの委員会から命令を受ける。

第八条　裁判権

裁判権は立法権、国王いずれによっても行使できない。その目的のために、新たに設置され選ばれる諸機関によって行使される。各々の人々が自分に身近な司法機関を見出せるように、犯罪者が在地の統治権力が睨みを利かせていることを至る所で実感するように、裁判権は地域に密着したものでなくてはならない。

それゆえ以下の司法機関を設置する。(一) 県、地区、郡ごとの第一審法廷。判事は地方議会で選出される。この法廷は常設であり、常に必要とする者に正義を与えるために、注意深く監視をしなくてはならない。これらの法廷からは各州の大法院への控訴ができる。大法院は州ごとに設置され、構成員はやはり地方議会で選出される。これらの第一審と最終審の法廷はいずれも、シュラフタとすべての土地所有者のための、だれとの間に起きたものであっても、権利や犯罪の問題を処理する地主法廷である。(二) 現在の議会の法、『王国自由都市 (法)』に従って、すべての都市に司法機関を設置することを保障する。(三) レフェレンダシュ法廷〔王領地の農民を裁くための法廷〕を各州別個に設けることを望む。かつての法律でこの法廷にゆだねられていた、自由農民に関する問題をこの法廷に委ねる。（四）上級審である王宮に付属する法廷、すなわち王国陪審法廷と報告法廷とクールラント法廷〔クールラント地方固有の法廷〕は存続する。（五）各種執行委員会は、自らが監督行政に属する官庁の問題に関する法廷をもつ。（六）あらゆる身分の民事や刑事の問題を扱う諸法廷のほかに、議会法廷と名付けられた最高法廷を設置する。構成員は議会開催時に選出される。この法廷が扱う問題は、国民と国王に対する犯罪すなわち国家反逆罪である。

われわれは、議会が選定した人々によって民事と刑事の新しい法典が起草されることを命じる。

第九条　摂政

「法の番人」は、その中心に王妃、また王妃なき場合は大司教を筆頭とする摂政政府にもなりうる。摂政政府が設けられるのは以下の三つの場合に限られる。（一）国王が幼少の場合。（二）国王の長期的な精神疾患による権力遂行不能の場合。（三）国王が戦争で捕虜になった場合。幼少期とは十八歳を過ぎるまでの年齢を指す。長期的な精神錯乱による権力遂行不能は、常設議会の両院合同の採決で四分の三以上の賛成を得た場合のみに適用される。以上の三つの場合には、ポーランド王国首座大司教は、すぐさま議会を招集しなければならない。もし首座大司教がこの義務を延期した場合には、議会の議長が代議員と元老院議員に回覧状を発する。続いて常設議会は、摂政政府の大臣たちの会議の席順を決め、国王の代行としての王妃に国王の義務を認める。ただし第一の場合で、幼少の国王が成年に達した場合、第二の場合で完全に健康状態になった場合、第三の場合で戦時捕虜から帰還した場合には、摂政政府は国王にそれまでの活動報告を手渡さなくてはならない。摂政政府は「法の番人」に関して規定されたのと同じく、通常議会ごとに自己の身体と財産をもって、自らが活動した時期の責任を国民に負う。

第十条　国王の子供たちの教育

憲法が王位継承者と定めている国王の息子たちは祖国第一の子供たちであり、それゆえ両親の教育の権利を侵害しない範囲で彼らのよき教育に留意することは、国民の任務である。国王の統治期には、国王自身が「法の番人」と諸身分が任命した「王子教育のための監督官」と共に彼らの教育に携わることになる。摂政の統治期には、この「法の番人」が上記の監督官と共に彼らの教育を託されることになる。いずれの場合にも、諸身分から任命された監督官は、通常議会のたびに王子たちの教育や振る舞いについて報告しなくてはならない。彼らの教育の中に単一の規範を植え付け、将来の王位継承者の精神に早い段階で宗教、美徳への愛情、祖国と自由への愛情、国の憲法への愛情を植え付けるために、国王の息子たちの学問、教育、教養に関するカリキュラムを出し、議会に

＊1　大法官が主宰する法廷。シュラフタの財産に関する問題や王領地と私有地の係争を裁くとともに、王国自由都市の陪審法廷でもあった。
＊2　王国陪審法廷の一種。クールラントや王国領プロイセンの問題、正教会と合同教会の問題を主として扱った。

提出し承認を得ることは、国民教育委員会の義務である。

第十一条　国民防衛軍

国民は自分自身が侵略からの守り手であり、自分の領土を守ることを義務付けられる。それゆえすべての公民は、領土と国民の自由の擁護者である。軍隊とは、国民に由来する、国民全体によって整えられた防衛軍に他ならない。国民は、軍隊が国民の防衛に専心しているということによって軍隊に褒美を与え、軍隊に敬意を表する義務を負う。軍隊は国境守備と普遍的治安維持によって国民を守る、すなわち国民の最強の盾とならねばならない。この目的を正しく遂行するために、軍隊は常に法の規定に則って執行権の従属下におかれ、国民と国王に忠誠を誓い、国民の憲法の擁護を誓わなくてはならない。それゆえ国民軍は、国の全般的防衛と要塞や国境の警護と、もし法の執行に不従順な者がいた場合には、法の擁護に用いられる。

（以下、署名〔省略〕）

集められた諸身分の宣言 Deklaracja stanów zgromadzonych

一七九一年五月五日

本憲法とそのいずれかの条項に反するあらゆる古今の法を廃止する。また本憲法において表明された条項や事項に必要な詳細な記述は、統治の義務と構造をより詳細にするものとして、この憲法の構成要素とみなすことを宣言する。我々は執行権に対して、「法の番人」が議会の監視下ですぐに自分の義務を開始し、それを継続的に維持するように勧告する。我々は全力で憲法に服従し憲法を守ることを、神と祖国に対して厳かに誓う。そしてこのような誓いを実際の祖国愛のスローガンとして掲げ、すぐさまあらゆる委員会と裁判機関、さらには駐屯する軍隊を通じて、この法が施行されてから遅くとも一か月以内に軍事委員会の命令のもとで、ポーランド王国とリトアニア大公国に駐屯する全ての国民軍によって、ここワルシャワでこの誓いの遂行を命じる。ポーランドを外国の圧力と国内の無秩序から解放した幸福で順調な瞬間と、最も効果的に我々の真の自由とポーランドの領土保全を保証できる統治府を回復したことを神に感謝するために、この方法でわが祖国に可能な限り、ヨーロッパの目から見て真の敬意を獲得するために、今年の五月八日には全国すべての教会において終日の祈りを行うことを我々は尊敬すべき司教たちに薦める。殉教した司教であり、ポーランド王国のための守護者でもある、その日によって我が祖国は勇敢かつ安全に、不幸の後で安らぐことができる聖スタニスワフの日を*、我々とその子孫が最高の摂理にささげられた日として祝日とすることを定める。また我々は、キリスト教の教義に携わり、忠実な民衆に対して責任を負う在俗教会ならびに修道院の聖職者が、すべての者たちに対して神に同様の感謝を薦めることを絶やさないようにすることを望む。これほど切望されたこの業績を、大きな困難や障害にもかかわらず、国民の運命を至高の統治者の助けを借りて成果へと導き、国民を救済するための幸福な時を失わなかったことを子孫の世代が強く感じることができるように、その記念としてすべての身分の誓いに基づいて、至高の摂理にささげられる教会が建立されることを議決する。

普遍的な喜びを十分なものにしたうえで、我々はこの憲法の安全のための熱心な監視を行う。そのためにこの憲法に敢えて敵対しようとする者、その廃止を画策する者、また憲法への不信の種をまいたり憲法と逆の解釈をしたりして、善良かつ幸福になり始めた国民の平安を脅かす者、さらには国内で憲法に対する何らかの反乱や連盟を結成して、それらを指揮したりそれに加わったりする者、こうした者たちは祖国の敵、祖国の裏切り者、反乱者とみなされ、直ちに議会法廷において最も厳しい刑によって罰せられなくてはならない。それゆえ我々は以下のことを命じる。議会法廷は構成員全体が欠けることなく、ここワルシャワで開催されること。その審議は翌日に引き継がれること。善良な有産市民によって密告されたすべての者たちは、〔ポーランドとリトアニア〕両国民の検察官たちの補助のもとで反乱を引き起こしたことやそれを教唆したことを即刻裁かれること。その判決に従うべき者たちは身柄を確保されること。そのために、国民軍が執行権と法廷の命令に従って準備され従えられること。

両国民の相互保障 Zaręczenie wzajemne obojga narodów

一七九一年十月二十日

下記の問題が永遠に記憶されるように。神の恩寵と国民の意思によってポーランド国王であり、リトアニア大公、ルシ、プロイセン、マゾフシェ、ジュムチ、キエフ、ヴォウィン、ポドレ、ポドラシェ、インフランティ、スモレンスク、シェヴェル、チェルニフフ（の地域を治める）スタニスワフ・アウグストは、聖俗の元老院評議会の顕官とポーランド王国、リトアニア大公国双方の地方代議員の合意のもとに、自らの共通の祖国であるポーランド共和国に対する我々の義務について絶え

＊もともと五月八日は聖スタニスワフを讃える日であった。

間なく気を配りつつ、共和国のあらゆる誇りと共通の利益と、とりわけ内外の安全の強化に備える義務がある。それに際しては、両国民に賞賛され、非常にふさわしい結びつきとポーランド王国とリトアニア大公国の国民の許可に基づいて、我々の先祖が合同文書で三度にわたって永続的に成し、双方の好意と安定によってこれまで保持されてきた共同体を眼前に持たなくてはならない。我々は、ポーランド王国とリトアニア大公国から成る国家全体を治める普遍的かつ不可分の『統治法』に基づいて、一つの政府により治められる共通の軍隊、単一で不可分の国庫に結びつく財政を持つことを望む。その際の条件は以下のとおりである。

一　両国民の軍事委員会と財政委員会は、ポーランド王国、リトアニア大公国からそれぞれ同数の人員で構成される。しかし警察委員会の構成員の比率に関しては、リトアニア大公国の自発的な許可に基づいて上述の条件は適用しない。ただし言うまでもなく、後年共和国が定めることになる両国に共通するすべての他の官庁については、王国と大公国の委員は同数の比率で構成されることになる。

二　リトアニア大公国は、ポーランド王国と同数の大臣、国家官職を持ち、大臣の名称や国家官職の名称や義務に関しては、ポーランド王国のそれと同様とする。

三　軍事委員会と財政委員会において、議長はリトアニアとポーランド王国が交代で行い、議長の在任期間も同じとする。

四　共和国におけるリトアニア部の収入の財政金庫は、リトアニア大公国に置かれる。

五　財政委員会の諸問題は法廷に託される。リトアニアに関しては、リトアニア固有の法律に基づいて、委員会に関わらない人物で構成されるリトアニア大公国独自の法廷が設置される。

国王スタニスワフ・アウグストは、連盟化した諸身分の合意のもとで、これらの決定され保障されたすべての事柄が、この両国民、すなわちポーランド王国とリトアニア大公国にとって、共通にして不可分の一つの共和国として必要かつ有益であることを心得たうえで、両国民の統合に向けた諸条項であることを認め、この諸条項の永続性と不可侵性を保障する。そして、ポーランド王国とリトアニア大公国の合同文書に記されている条件、主張、基盤によってそれを強化する。私こと国王は、国王即位時の協約《パクタ・コンヴェンタ》の条項に基づいてこれらすべてを朗読し、私の後継者たちにもこれらすべてを国王即位時の協約《パクタ・コンヴェンタ》に掲載された誓約とすることを望む。

3　憲法の構成と内容について

本章では、この憲法の構成と内容の特徴をまとめてみたい。

五月三日憲法は国家の制度、統治原則を定めた法規であるがゆえに『統治法』という公式名称が名付けられた。また『集められた諸身分の宣言』に記されているように、他の諸法規に優越する基本法としての性格を与えられているため、憲法と称されることになった。共和国においては、一五七三年の『ヘンリク諸条項』**Artykuły henrykowskie** や一七六八年の基本法など、国家の基本法は過去にも規定されていた。憲法に従属する諸法規の中では、いわゆる『統治法』以前に制定された『王国自由都市（法）』**Miasta nasze królewskie wolne**（九一年三月制定）、『地方議会法』**Ustawa o sejmikach**（同年四月制定）がとりわけ重要である。それ以外の主要法規だけでも、『議会法』、『議会法廷法』、『臨時立憲議会法』、『恩赦権法』、『「法の番人」法』、『政治委員会法』、『王国と大公国の自由都市の内部合意』、『都市法廷とアセソリアに関する合意』、『財政委員会法』、『地主法廷法』、『王国ならびに大公国の大法院に関する法』、『王領地に関する恒久的合意』、『軍事委員会法』などがある。

次に憲法の構成であるが、前文と十一条から成っている。内容的には、宗教・各身分の規定に関する部分（一―四条）、および国制に関する部分その他（五―十一条）に大別できる。分量的には、四条までの記述は簡潔であるが、五条以下、特に七、八条（立法、執行権）の記述は著しく詳細である。一方、九条以下の記述は再び簡潔になる。それでは以下に、諸身分に関する記述と国制に関する記述に大別して内容を分析してみたい。

諸身分に関する条文の特徴

十八世紀のヨーロッパは、身分制社会の枠組が再編される時期にあたっていた。ポーランドの一七九一年憲法の二ヶ月後に制定されたフランスの一七九一年憲法などでは、「憲法は、自然権かつ市民権として、次のことを保障する。すなわち、すべての市民は、徳性および才能以外の差別を受けることなく、地位および職業に就くことが出来る」（一編、以下同憲法の引用は、河野健二編『資料フランス革命』岩波書店、一九八九年によった）と記されている。ではポーランドの一七九一年憲法はどうであろうか。

この憲法では、原則として身分制が保持されている（一―四条）。とりわけシュラフタ身分に関しては、「公私の生活におけるあらゆる自由、大権、優先権」が保障されるだけでなく、「数世紀にわたってシュラフタに与えられてきた人身保護、個人的自由の権利、土地や動産の所有権も神聖で不可侵なものとして保持する」と記され、有産者シュラフタの人身の自由、所有権不可侵までも保障されることになった（第二条）。

ただし、こうした身分制が大枠で保持されているが、憲法に付属する法の記述の中で若干の再編への姿勢がみられた点も留意すべきである。一つは同年四月に制定された『地方議会法』におけるシュラフタの地方議会への参政権規定である。これまでのポーランドでは、十八歳以上の成年男子シュラフタは、その資産や職業に関係なく無条件で地方議会への参政権を認められていた。しかし『地方議会法』では、参政権は世襲相続シュラフタで何らかの税を国家に支払う者と、十グロシュ税（個々のシュラフタの所領につきシュラフタ自身の年収の一割を恒常的に徴集する常備軍整備を目的とする一七八九年三月二六日に可決された法）を年に一〇〇ズウォティ以上支払う者以外のシュラフタは参政権が剝奪された。これは、社会経済的に大貴族に寄生する状況にあった零細シュラフタを公共の場から排除することで、大貴族の地方支配の排除を狙ったものとされる。また、『王国自由都市（法）』の中での規定も重要である。ここでは、十グロシュ税を年に二〇〇ズウォティ支払い、世襲の権利によって村や小都市を買い上げた者や、国家に対して功績のあった一定数（各々の議会で三〇名ずつ）の都市民にシュラフタ身分を授与することが規定されていた。さらに各王領都市から選出された都市全権を議会に派遣し、それぞれが所属するいくつかの委員会で決定権や助言権を与えられ、同時に各県、各郡の民事軍事秩序委員会（憲法第七条に記されている秩序委員会に相当する組織）に三名ずつ委員を送る権限を持つという規定が盛り込まれていた。この規定は、都市民の一部に限定的な政治的発言権を与え、一方では彼らを特権身分たるシュラフタ身分に組み込もうとするものであった。それはフランス革命のように決して都市民身分全体に市民権を付与するものではなかったが、フランスとは異なって都市の発言権がまだ弱体であったポーランドでは、現実的な範囲で身分制の再編を行おうとする姿勢が強かったからであろう。

また農民に関しては、「正義や人道性やキリスト教の義務だけでなく、我々自身の利益という観点からもよき配慮がなされ、法と国内統治権力の保護下に置かれなくてはならない」、と領主・農民関係に対する国家の保護が主張されている(四条)。しかし原則として、「自由意思での契約の場合でも許可を受けた場合でも、一定の土地を保有する農民は、それに付随する義務を排除することはできない」という保守的な姿勢が貫かれた。こうした姿勢は、「ポーランドの地に足を踏み入れたその時から、どこでも、どのような形でも自分の才能を用いることができ、土地所有や労働地代や金納地代に関してどのような形でもどんな期間でも契約する自由を認める」と記した移民の流入に関する寛容な原則とは対照的である。ここには、ロシアと接する東部国境やプロイセンと接する北部国境から多数の移民を受け入れて、農業生産力の増大を図ろうとする重農主義的立場と、シュラフタの離反を防ぐためには農民への一定の規制を容認せざるを得ない立場との間でのジレンマが浮き彫りになっている。

ところで、この憲法は同時期のフランスとは異なって、包括的な人権宣言は規定されていない。ただし、支配宗教としてのカトリックを大前提としたうえであるが、「それゆえ、あらゆる人々に対して、いかなる信条をもつ者にも信仰上の平和と統治機関の保護が義務付けられる」と記した第一条の信仰の自由の規定、「とりわけ数世紀にわたってシュラフタに与えられてきた人身保護、個人的自由の権利、土地や動産の所有権も神聖で不可侵なものとして保持する」という第二条の有産者への人権保障などの規定からは、限定された形ながら人権を認めようとする姿勢が窺える。こうした人権への位置づけは、国民全体を対象としたものではもとよりなく、公民としての権利をもつシュラフタ身分を引き付けるために規定されたものといえる。こうした規定も、当時の共和国社会の状況に根差した現実的なものでもあった。

国制に関する条文の特徴

本憲法において大半を占めているのが国制に関する記述である。

とりわけ、国制の支柱となる立法、執行（行政）、司法権の三権の記述が大きなウエイトを占めている。三権が分立した状態で国制を担うという権力分立の観念は、モンテスキューを初めとして、啓蒙主義時代の欧米の影響が強いといえる。しかし、注意すべきは、ここでの権力分立は完全な三権分立ではないことである。その点では、「権力の分立が規定されないすべての社会は、憲法をもつものではない」（人権宣言第一六条）と規定する革命期のフランス『人権宣言』とは異なる。そもそも共和国においては、十六世紀の『ヘンリク諸条項』以来、国王とシュラフタの契約統治の観念が定着していた。こうした近世以来の共和国の伝統を保持するかのように、この憲法においても議会を中心とする立法権の優位が保障されている。また、議会に関しては、「代議院は国民が全権であることの化身かつ統合体として、立法の聖域となる」と記されているように、とりわけ元老院に対する代議院の優越が目立つ。代議院には、近世以来のポーランドの伝統に従って、立法機能（政治法、民法、刑法、常設税）と国事機能（宣戦講和、予算決定、臨時税）が与えられることになった。加えて代議院の先議、あるいは元老院が拒否した場合も「次回の通常議会に先送りされる権限しか残らない」という規定が示すように、次回の通常議会において再び合意が得られれば、元老院が留保した法は採択されなくてはならないことが定められた。

また代議院を中心とする議会は、「立法面でも、通常手続き上でも常に開催可能となる。議会は二年ごとに開催され」るとその常設性が強調され、議会の処理能力の増大がはかられた。そして、最大の変化は、「すべての法案はどこでも、多数決によって決せられなくてはならない。それゆえ、自由拒否権《リベルム・ヴェト》やあらゆる連盟や連盟形態の議会は、本憲法の精神に抵触し、統治を転覆し、社会を破壊するものであり、今後永遠に廃止する」と自由拒否権の廃止を明記し、機能面での大幅な拡大が図られた点である。

また、地方議会によって各選挙区から選出された代議員の位置づけに関しては、それまでの共和国の諸問題を考慮して、「地方議会で選ばれた代議員たちは本憲法に則って、立法においても国民全体の必要においても、全国民の代表として国民全体の信頼を構成する要素とみなされるべきである」として、指示書の拘束力を明確に否定した点である。この点では、「国民は（主権を）委任によってのみ行使しうる。フランス憲法は代議的である」と規定したフランス一七九一年憲法（三編一章四節一条）と同様である。それまでの共和国では、この文書が代議員の議会での発言を強く拘束していた。その点からみると、それまでの共和国は直接民主制的であり、地方主義的でもあった。しかし本憲法では、国民としての一体性の前に、各地域個々の主張を制限するという方向性が明確に示された。これは、直接民主制的性格の後退を意味するものでもあるが、反面で共和国が国民国家としての統合に向かう第一歩として注目に値する規定といえよう。

次に、最も記述が詳細な執行機関に関する記述を見てみよう。第七条冒頭では、「これまでの経験が指し示すように、統治府のこの部分を無視したことがポーランドを不幸で満たしてきた」と執行権重視が謳われる。そしてその中核として事実上の政府に相当する「法の番人」（実質的に国王と首座大司教、五名の大臣で構成）が法の執行を統括し、四つの委員会、民事軍事秩序委員会を従えることになった。このシステムには「法の番人」を統括する役割をもった首相は存在しないが、いわゆる近現代の内閣統治との共通性も多い。同時に個々の大臣と議会の関係については、「しかし、議会の両院合同の無記名投票によって三分の二以上の賛成を得て、大臣（中略）の更迭が望まれる場合は、国王は直ちにその者に代えて別の者を大臣に任命しなくてはならない」と記され、イギリスをモデルとした大臣責任制の規定が盛り込まれた。この点では、立法権が大臣の刑事責任のみを追及しうると規定したフランス一七九一年憲法（三編二章四節八条）よりも責任の及ぶ範囲が広いといえよう。

また国王に関しては、「将来のポーランドの世襲王家は今日のザクセン選帝侯、フリードリヒ・アウグストに始まる。そして、その男系の継承者たちにポーランドの王位が与えられる。君臨する国王の長男が父の死後、王位を継承すべきである。しかし、現在のザクセン選帝侯が男子を残さない場合は、選帝侯によって諸身分の合意の上で選ばれた彼の娘の夫が、ポーランド王位の男系継承者の家系を創始する」、と家系を選択した上での世襲制が定められ、国王選挙制が否定された。ここで選択された家系は、コウォンタイらが一時主張したプロイセンのホーエンツォレルン家でもなく、ロシアのロマノフ家でもなく、ザクセン家だったことは、当時のポーランド貴族の世論が強力な王権を決して望んでいなかったことに由来する。それゆえ国王は、「専制者ではなく、国民の父であり統治者でなくてはならない」のであり、「自らは自分を通じて何も行わず」、つまり無答責の国王が強調された。これは、「最高の執行権は国王に存する」としたフランスの一七九一年憲法（三編四章一条）とは対照的であり、当時のイギリスで定着しつつあった「君臨すれども統治せず」の王権概念とも共通するものでもあった。この点では「国王は神聖にして不可侵である」というフランスの一七九一年憲法の規定（三編二章一節二条）とは異なる。実際、王の権限は恩赦権、戦時における国防軍指揮権、元老院議員・大臣任命権などに限定された。この点も、大臣の任命権だけでなく解任権ももつ一七九一年憲法時のフランス国王（三編二章四節一条）とは異なる。ただし、国王不在時の規定（第九条）と国王の息子に対する教育（第十条）は盛り込まれている。また、「法の番人」の中での国王の役割も限定的で、「それぞれの「法の番人」の決定は、国王の名のもとに国王の署名を添えて発せられる。しかし、「法の番人」に籍を置く大臣の一人の署名も添えられていなくてはならない」

といった形で、国王が決定権を行使できるのは大臣たちの署名が得られた場合に限られるとされた。

国王と「法の番人」が政府であるならば、その傘下で実際の行政・執行を担ったのが警察、財政、軍事、教育の四つの委員会、加えてその下部組織である民事軍事秩序委員会である。これらの組織の具体的活動に関しては憲法には規定はなく、付属法に記されている。そこから読み取れるのは、委員会に関しては委員が任期制で有給職であり、公職経験者が望まれていることである。また、地方議会区と一致する七二の行政地域に設置された民事軍事秩序委員会は、「法の番人」や委員会の行政方針を各地方で実行する機関としての役割が託された。こうした委員を中核に据えた四つの委員会と民事軍事秩序委員会の連携は、共和国ではそれまでみられなかった「法の番人」を中核とする稠密な行政ネットワークを産み出す構想のもとに編み出されたものといえよう。

次に裁判権（第八条）であるが、「裁判権は地域に密着したものでなくてはならない」という言葉が示すように、以前よりも細かい裁判機構ネットワークが構築された。また法廷が常設とされたことで、審理能力の向上も図られた。しかし法廷の種類は改革前と大差なく、原則として身分・階層別であった。ただし、シュラフタ以外の者でも農村に土地を所有する者は地主法廷に組み入れられ、都市法廷には都市に居住するすべての公民が加えられたのは、身分制再編の一環である。一方、農民に関しては、王領地農民は公的法廷に委ねられたが、私領地農民は領主が司る法廷の支配のもとに置かれ続けることになった。

さて、国民防衛軍（第十一条）に関しての記述は、三権に関するそれに比べるとわずかな記述にとどまっている。ここでは、「軍隊とは、国民に由来する、国民全体によって整えられた防衛軍」であり、「国民の最強の盾」という記述が特徴的である。ここでは軍隊はそれまでのようなシュラフタの軍でもなく、また隣国のような国王のための常備軍でもなく、国民による、国民のための防衛軍と位置付けられている。この規定では、公民と国民という言葉が併用されていることも特徴的である。この条項で用いられている「公民」は「国民」に近い言葉として扱われている。ただし、憲法の条文では具体的な軍の構成などは示されない。

最後に、付属法『両国民の相互保障』で触れられている、ポーランド王国とリトアニア大公国の連邦の問題に触れておきたい。一五六九年のルブリン合同以来、ポーランド王国はリトアニア大公国と連邦を形成していた。議会、君主は同一ながら、軍隊、官職、財政などは別個の運営とされていた。

この法規では、軍事、財政両委員会におけるポーランドとリトアニアの権限の同等性（委員の数の同数、ただし警察委員会に関しては六月十七日の法規で、リトアニア出身委員は三分の一とすることが定められている）、ポーランドとリトアニアの大臣数の一致、ポーランドとリトアニアの大臣や国家役人の官職名の半数をリトアニア大公国出身者とすることが規定された。また、リトアニア独自の財政金庫の設置も定められた。憲法の条文において、「ポーランド」という呼称が国家全体の名称として用いられることが幾度かあるが、ここでの主眼はあくまで両地域の関係の平等性である。憲法制定後、リトアニア代表は連邦における王国と対等の存在と認められるようになった。それまで、リトアニアは共和国の三州の一つであったことを考えると、リトアニアの地位向上につながったといえる。同時に、『両国民の相互保障』はリトアニアに対する改革共和派の譲歩でもあった。だが、「ポーランド」が完全に一つの国民になったわけではなく、両国民の連邦制は維持されていると言えよう。

4　憲法制定直後のポーランド社会

本章では、憲法制定後の一年間、憲法がポーランド社会にどのように浸透していったかを考察する。

憲法制定直後、賛成派は精力的に憲法普及活動を行った。スタニスワフ・アウグストは「奇跡」がポーランドに訪れたことを感謝し、『憲法制定に関する国民に対する教書』をあらゆる公的機関に送った。

だが憲法普及活動の中心は、ラジヴィウ・クラブ（一七九一年にワルシャワのクラコフスキェ・プシェドミェシチェ通りにあるラジヴィウ宮に集まったメンバーを母体とする団体）とその発展形態としての統治憲法友好協会 **Zgromadzenie Przyjaciół Konstytucji Rządowej** であった。前者は五月十七日に一四〇名の署名を集めて憲法制定の功労者、コウォンタイの副大法官就任を要求した。また四日後の五月二一日には、統治憲法友好協会最初の会合が開かれ、同会の規定が起草された。この会の加入者は二一三名であった。その内訳は、代議員一二六名、元老院議員一四名、都市民七名である。この会は地方組織を持たない単純な構成であったが、アダム・カジミェシュ・チャルトリスキ、ポトツキ兄弟、コウォンタイなどの憲法に賛成する有力者たちや、県や郡の有力者も参加しており、ポーランド初の議会クラブであった。

一七九一年五月から九二年二月の間、賛成派と反対派のプロパガンダの応酬がパンフレットなどを通じて展開された。この時期、五月三日憲法は賛成派、反対派双方からレヴォルーツィアと称されることが多かった。レヴォルーツィアは現代ポーランド語では「革命」を意味するが、当時は広く大規模な変化、変革を示す言葉であった。それゆえ、反対派は五月三日を「ポーランドの自由にとって恐ろしい改悪。その点ではむしろスウェーデンのそれと似ている」（ヤン・スホジェフスキ）、あるいは「専制支配の源」、「議場に出席していた

Nº XXXVII. 145

GAZETA NARODOWA Y OBCA.

Sine ira & ſtudio, quorum cauſas procul habeo.

C. Tacit.

Z WARSZAWY W SOBOTĘ DNIA 7. MAIA ROKU 1791.

図14　『内外新聞』5月7日の記事
5月3日の全国議会の議事が記されている。

図15　5月3日の国王スタニスワフ・アウグスト
「国民は国王とともに、国王は国民とともに」のスローガンが見える。（ミハウ・グレル作。グレルは憲法擁護の立場で多くのパンフレットを作成したワルシャワの出版業者。）

一握りの議員による国権全体の抑え付け」（ディズマ・ボンチャ・トマシェフスキ）といったイメージでとらえた。一方賛成派は、「共和国の統治が常設的で体系的になり始めた、国民史における決定的転換期であるという意味でレヴォルーツィアと呼びたい」（アントニ・シアルチンスキ）と、統治の安定の観点から評価している。また、「五月三日が暴力を伴わなかったというのは稀有の現象」（シアルチンスキ）として、改革の無血性を評価する傾向も強かった。

反対派の出版物の特徴の一つは、憲法によって自由が失われたとして、理想化された過去へのノスタルジーに訴えるものが多かったことである。また、憲法制定に加担したのはごく少数の者で、彼らによって暴力的に企てられたクーデタであるという主張も多かった（スホジェフスキ、シチェンスニ・ポトツキ）。さらに、「国民はワルシャワではなく全国にいる。国民の意思は代議員ではなく各県が委ねた指示書にある」（ルブリン県出身代議員トマシュ・ドゥスキ）といった指示書の無視を糾弾するものも少なくなかった。タデウシュ・チャツキ（ノヴォグルデク代官）も、「指示書が廃止されれば代議員たちは国民に責任を負わなくなるだろう。そして彼らは国王に買収され、国王は議会で多数派を牛耳り、専制者となるだろう」と述べている。より客観的な本文の分析を通じて憲法に反対したのはトマシェフスキである。彼はゴウォータ（無産シュラフタ）排斥、都市民へのシュラフタ身分授与、王権強化いずれもがシュラフタの自由と平等を破壊したと主張した。

一方賛成派の出版物では、「対外的な危機状況で祖国の自由が救われた。五月三日憲法のような形で「自由」を改良するのは当然」という形で祖国と自由の擁護を強調する傾向があった。また、イグナツィ・ポトツキのように、強力な行政権は共和国にとって必要であり、議会の常設化で国王の専横は防がれていると主張するものも多かった。さらに、シアルチンスキが五月の議会の議事録を出版することで、議事における「発言の自由」と、代議員の大多数は当初から憲法を支持していたことが客観的に示された。

こうした憲法をめぐるプロパガンダの応酬に終止符が打たれたのは、一七九二年二月の大法院判事選出地方議会であった。この地方議会では、憲法に対する各地方議会の賛否の表明がなされた。結果的には、全国七八の地方議会中七割以上の地方議会で憲法が積極的に承認されることになった。とりわけ憲法に反対のマグナートたちの勢力の強い諸県でも、紆余曲折を経ながらも憲法を承認する決議が採択された。ワルシャワ駐在オーストリア大使のド・カシェも、「六〇以上の県や郡からの情報は、大変厳かに新憲法を受諾するというものであった。（中略）かくして国王陣営は、このような喜ばしい結果が非常に重大な意味を持つことを認めた。なぜならそれは、少なくとも五月三日の偉大な遺産を国内で強化することを保障したからである」と、賛成派の勝利を伝えた。

これ以降、憲法のクーデタ性、危険性を唱える意見は急速に減少し、憲法を論じる文書自体も減少した。

こうした議論の応酬と並行して、「五月三日神話」が様々な手段を通じて形成されていった。一七九一年五月八日、スタニスワフ・アウグストの名の日にクラクフのスキェンニツァ（織維会館）での式典の後にクラクフ市主催で披露された、「五月三日のポロネーズ」**Polonez Trzeciego Maja** の歌詞は以下のようなものであった（作詞者、作曲者ともに不明）。

議会の同意によって
我々に自由が取り戻された。
諸身分諸君万歳を叫びたまえ、
愛すべき国王万歳。

自らの同胞や国王のために、
公民たち皆こぞりて、
命をささげんとする。

Polonez Trzeciego Maja

Słowa – autor nieznany (Franciszek Dionizy Kniaźnin?)
Muzyka – kompozytor nieznany

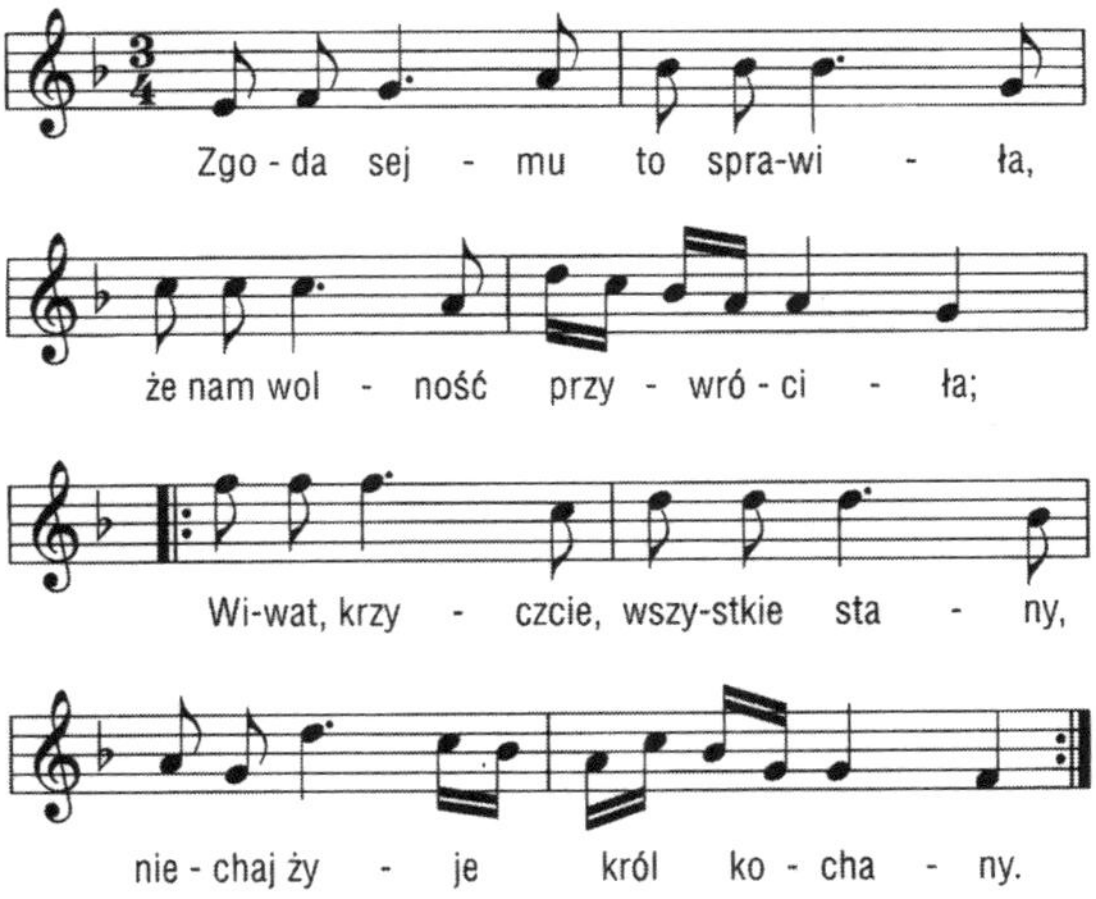

図16 『5月3日のポロネーズ』作詞者不祥（フランチシェク・ディオニズィ・クニャジニン作の可能性もあり）、作曲者不祥

これは国民の意思なり。

議会と全国民万歳。
今日天は我らに命を与えた。
諸身分諸君万歳を叫びたまえ
愛すべき国王万歳。

簡潔で晴朗なメロディーとポロネーズのリズムということもあってか、この歌はその後国民の間で広がっていった。

著名な人物の行動が誇大化されて語りつがれることも少なくない。代表的なものは、五月三日の議場においてスタニスワフ・アウグストが憲法に誓約するときの姿であった。これはのちに、グスタフ・タウベルトらの絵画によって不朽のものになる。また、聖ヤン大聖堂への憲法賛成者たちの行進は、出席者の記憶に多大な印象を与えた。一方逆の「神話」の対象になったのがヤン・スホジェフスキの行動であった。彼は、第一次分割承認議会の際に体を張って議事を阻止しようとしたタデウシュ・レイタンの行為を意識的に再現しようとしたといわれる。しかし、記憶に刻まれたのは、議員による大仰な茶番、憐れむべき行為としてであった。

また憲法制定後には、ワルシャワで宣伝ビラとして頒布された文書も少なくない。「教区の五月三日の歌」は、当時愛国派に属していたマチェイ・カミエンスキが作曲し、作詞者も愛国派の人物と言われている。ミハウ・グレルの王室印刷所で印刷され、一部一五グロシュで売られたという。歌詞は以下の通りである。

今日は、国王が国民と、国民が国王と、
偉大な祝日を寿ぐ。
神の奇跡的な作品（訳注：憲法のこと）が我々に、
列強の統治のもとで立てられたことを祝うのだ。

今日は王国のすべての身分が、
この変革を神に感謝する。
神が勇敢さと合意の精神の元で、
我々にかつての自由を取り戻してくれたことを。

神よ、国民はあなたに託している。
農民が平和に耕すことを。
都市民の産業、商業、労働が、

繁栄することを。

聖職者は民衆と手を携えて、
「神よ戦から守りたまえ」と願う。
遣わされた兵士たちの前では、
あなたは盾となるのだ。

人々はみな恩寵に懇願する、
国が繁栄したままであるようにと。
そして神よ、この奇跡によって、
国が民衆に良き統治をし、自由になることを。

ここでは、神の恩寵が憲法を擁護する存在として強調されるとともに、農民、都市民、兵士、聖職者といった諸身分に対して、憲法の存在を積極的にアピールしようとする、改革に同調する姿勢が強く見られる。もっともこうした歌を通じて、一般の民衆が憲法の内容をどこまで理解したのかは不明である。

さて、憲法が国民の記憶に定着するうえで重要な契機となったのが、前述の歌が作成されたのと時を同じくする、一七九二年五月の憲法制定一周年の祝典とワルシャワ市内の行進であった。以下に、フランチシュカ・サヴィツカの論文に基づいてその状況を辿ってみよう。

各地で行われた祝典のうちでもっとも盛大に行われたのがワルシャワの祝典であった。この祝典のために四十万チェルヴォーヌィ・ズウォティが費やされた。この祝典にはのべ三万八千名が参加し、警備兵も八千名に上ったという。内外から多くの使節も派遣された。

朝九時、祝典は国王を先頭に王宮から聖十字架教会に向かう行進で始まった。王宮から二キロほど南に下った聖十字架教会には予め許可された賓客が待機していた。そこにはローマ教皇の使節も参加したが、ロシア公使ヤコフ・ブルガーコフは不参加であった。教会では各県・郡代表者が王の席に歩み寄り、憲法に賛同した地方議会決議を述べた後で感謝を表明した。さらに、この時期ワルシャワに滞在していたイタリア人ジョバンニ・パイジェルロが作曲したテ・デウム（神に対する賛歌）が演奏された。

その後国王を中心とする行列は教会から出て、ノーヴィ・シフィアト通りを経由していわゆる「王の道」をワジェンキ宮殿（スタニスワフ・アウグストの離宮）まで移動した。この行列に参加していたミハウ・カジミェシュ・オギンスキは、「公衆の間では喜びとうれしさの息遣いが聞こえた。あらゆる団体、あらゆる催し、あらゆる街区、あらゆる国民歌謡の中で『国民とともにある国王、国王とともにある国民』**Król z narodem, Naród z królem** のフレーズが聞かれた」と記している。ワジェンキ宮殿では『詩編』とイグナツィ・クラシツキが作った歌が披露され、国王が新体制の象徴とし

図17　国王が計画していた節理の教会の設計図

て計画していた新教会（節理の教会 Kościół Opatrzyności）設置のセレモニーが挙行された。さらに歴史家アダム・ナルシェヴィチが演説し、十六時に祝典が終了した。

夕刻になると議長マワホフスキ邸やワルシャワ市長邸で賓客が招待された。そして二十時からは国民劇場でユリアン・ウルシン・ニェムツェヴィチの『カジミェシュ大王』が上演された。この公演は庶民も無料で観劇することができた。この演劇の上演中に一つのハプニングが生じた。カジミェシュ役の俳優が、「必要とあらば余は国民の先頭に立つ」という台詞をを述べた直後、スタニスワフ・アウグスト自身が劇場のボックス席から、「余は先頭に立つ。敢えて国民のために身をさらす」と叫んだのである。このエピソードは、国民との協調を明確に示そうとする国王の姿勢をあからさまに示すことになり、伝説化された。

この日ワルシャワ市民は深夜まで街を練り歩いた。そしてその後数日間、ワルシャワではヴィエルコポルスカ、マウォポルスカ、リトアニア三地方の使節の接見や五百名を集めたラジヴィウ邸の祝宴などが開かれた。

一方、各地方でも九二年の五月三日には祝典が開催された。クラクフでは大統領主催の四百名の夕食会が開かれ、クラクフ大学も積極的に対応した。ルブリンでは市庁舎が一千ズウォティを出費して盛大に執り行われた。国王の肖像をかけた椅子の周りに職業別組合《ギルド》のメンバーが旗を持って寺院を練り歩いた。市場広場でも照明とピラミッドが設置され、カンタータ付き交響曲（作曲者不詳）が演奏された。また、リトアニアのヴィルノ（ヴィルニュス）でも特に憲法に対する反対は見られず、「統一、合意、平和の説教」が行われて、「処刑か憲法か」のスローガンが唱えられた。

全国的に見ても、過半数の町では祝典は滞りなく行われた。各地では、儀礼、スペクタクル、歌が祭典を盛り上げた。祝典に共通する特徴は、国王と国民の一体化の確認、身分・世界観・信仰に捉われない一体化であったといえよう。こうして、五月三日憲法は国民の記憶の中に定着していったが、これは同時に迫りつつある戦争の脅威を知らずに祝典に酔いしれていた人々のオプティミズムでもあった。

この時期、海外でも五月三日憲法に対する情報は着実に浸透していった。憲法制定直後から、憲法の内容はワルシャワ駐在外交官らが作成した憲法の仏語訳、英語訳、独語訳などを通じてヨーロッパ各地に広まっていった（リトアニア語訳は十九世紀初め、イタリア語訳は一八二一年）。こうした情報に対して、フランスのラディカルな新聞はその穏健性を非難したが、英米の新聞は憲法の穏健さを強調した。また、ジャック・ピエール・ブリッソ、エドマンド・バーク、トマス・ペインらは改革が無血で成し遂げられたことを評価する見解を表明した。さらに、トマス・ジェファソンは憲法を「文明社会における最大の成果」と評価した。

5　憲法の記憶の変遷

一七九二年五月、憲法に反対する保守派のマグナートたち（セヴェリン・ジェヴスキ、クサヴェリ・ブラニツキ、シチェンスニ・ポトツキ）らがエカテリーナ二世の保護のもとでタルゴヴィツァ連盟を結成した。この連盟で採択された決議では、選挙王政への復帰、地方議会への無産シュラフタ参加の容認、連盟の復活などが謳われ、四年議会と五月三日憲法の精神が真向から否定された。それを足掛かりとしてロシア軍が共和国領土に侵攻し、ポーランド＝ロシア戦争が勃発した。加えて国王スタニスワフ・アウグストがタルゴヴィツァ連盟に自ら加入することで、憲法の存立基盤は一気に脅かされることになった。

その結果、スタニスワフ・アウグストに対する評価が大きく変化した。彼に対する評価は、憲法制定後一七九二年五月までは非常に高かった。スタニスワフ・アウグストが憲法制定の主導者であり、彼自身が憲法と直結してとらえられ、憲法を称えるメダルにスタニスワフ・アウグストの姿が刻印されたのもこのころであった。しかし、ポーランド＝ロシア戦争勃発後、スタニスワフ・アウグストと憲法は切り離して考えられるようになり、スタニスワフ・アウグストを裏切り者とみなす傾向が強まった。その見解を広げるきっかけになったのがコウォンタイやイグナツィ・ポトツキやフランチシェク・クサヴェリ・ドモホフスキらによって書かれた『五月三日憲法の制定と没落』**Ustanowienie i upadek Konstytucji 3 maja** であった。そこでは、国王が国民の期待を裏切って対ロシア戦争で軍事指揮権を取らなかったばかりか、タルゴヴィツァ連盟に加わったことが声高に非難された。

図18 『5月3日憲法の制定と没落』第1巻（初版）のさし絵

さらに翌年のグロドノ全国議会によって憲法が無効化されたため、憲法は成立二年後には失効し、それまでとは異なった形で、すなわち「民族的遺書」として国民の中に記憶されることになった。ロシアによる侵攻の脅威によって憲法が国民の民族的な意思の表現として扱われ始めたともいえる。時間の経過とともに、国制的問題よりも民族的矜持としての憲法の方が記憶の前面に浮き出て、憲法の効力が消えうせた後も、崇高で喜ばしい雰囲気を同世代の記憶に刻むようになった。一七九四年のコシチューシコ蜂起時になると、そうした状況はさらに顕著になった。

一七九五年、第三次ポーランド分割に伴ってポーランド国家は完全に滅亡した。国家を失ったポーランド民族は五月三日の記憶をどのように保っていったのであろうか。

十九世紀前半の五月三日憲法に対する評価は、その政治的立場によっていくつかに分かれた。立憲君主制の立場から国家再興を目指したアダム・イェジ・チャルトリスキを総帥とするチャルトリスキ派の勢力は、立憲君主制的な側面から、また民族的にも憲法がポーランド民族の紐帯となっていることで評価した。彼らはこの憲法の最大の長所を秩序と穏健さに見出した。一方ラディカルな社会改革を目指した「ポーランド民主協会」は、基本的にシュラフタ身分の利益を維持するものとして憲法に否定的立場をとった。例えば、ヴィクトル・ヘルトマンは憲法を「無能」「非合理性」の象徴と捉え、エドヴァルト・デンボフスキも憲法を「人民的要素と君主・シュラフタ的要素の妥協」と捉えている。

しかし、両者のいずれとも異なる見解を唱えたのが当時を代表する歴史家、ヨアヒム・レレヴェルであった。彼は初期の著作、『三つの憲法』Trzy Konstytucjeにおいて、ワルシャワ公国憲法（一八〇七年）、ポーランド王国憲法（一八一五年）と比べて五月三日憲法は三権分立が守られていることを評価した。そして、立法の中心に国民を位置付けたこの憲法こそは真の共和国にふさわしい憲法だと論じた。しかしレレヴェルは後年、ポーランドにはスラヴ共同体以来の自由と平等の原則があり、それがシュラフタの国制に受け継がれたことを重視した。彼によれば、その国制は西欧の君主政と一線を画すものであった。それゆえレレヴェルは、五月三日憲法の君主制的性格を古い共和国からの逸脱と捉え、憲法のそうした側面を非難した。自由拒否権や連盟を廃止したことも同様の理由から非難の対象になった。そして君主制的性格の最大のものとして糾弾されたのが世襲王政の導入であった。「フランスではイギリスとの間に継承戦争が六三年も続いた。実際、継承をめぐる戦争は選挙制よりもまれだったが、一度起きるとそれは破壊的だった。継承システムは結果的に戦争を引き起こす。五二〇年間のフランス王権の統治の中で、二五歳未満の君主による統治の時期は九二年に及ぶ。こうした時期に（幼少の国王に代わって）摂政

図19　ポーランド王国議会の開会（1818年）
5月3日憲法採択時の議場で。

が統治するというシステムは最悪のものである。一方ポーランドでは継承戦争は十三年間に過ぎず、ハンガリーも十年間に過ぎない。世襲の権利が打ち立てられるや否や、ポーランドは永遠に自由と決別することになるだろう。王権の世襲は国民の自由と一致しない」。こうしたレレヴェルの史観は「共和主義重視の国制観」の元祖となった。同時にレレヴェルが亡命したパリでの人間関係を通じて、ヴィクトル・ユゴーやジュール・ミシュレなどのポーランド観にも大きな影響を与えた。

一方、一八三〇年にロシアに対する民族蜂起として起こった十一月蜂起の中核であった「愛国協会」は、一七九一年憲法体制の復活を呼びかけた。同時に一般社会の中では憲法へのノスタルジーが高まっていった。当時の大衆歌にもそれは表れている。

一八三一年、憲法制定四〇周年の一八三一年四月（十一月蜂起時）に書かれた『ようこそ、五月の朝焼け』**Witaj Majowa Jutrzenko**（ライノルト・スホドルスキが作詞、作曲者不詳、ただし、民謡『怠け者たち、私はお前たちが嫌いだ』**Nienawidzę was, próżniaki** を基にショパンが作曲したという説もある）もその一つである。その歌詞は以下のとおりである。

（1）ようこそ五月の朝焼け、わがポーランドの国土を照らしたまえ。ポーランドであまねく知られる歌で汝を称えよう。
ようこそ五月、五月三日。ポーランドの民に幸あれ。

（2）わが同胞の無秩序が収まり、国王の腕の中で怠惰が眠りこけ、その時五月三日が輝き、わがポーランドが蘇えりし。
ようこそ五月、五月三日。偉大なるコウォンタイ万歳。
(3)然るに卑劣漢が我々に鉄槌を下せり、狡猾なエカテリーナはポーランドをロシア人で溢れさせり。
麗しき五月は花盛り。だが国は哀れに引き裂かれる。
(4)その時ポーランド人は目に涙をためて、
青白き顔に悲しみを帯びて、
毎年五月三日になると愛すべき記念日を思い出す。
そして、「神よ、五月三日が輝くように」と溜息をつけり。
(5)ポーランド人が記憶にとどめしワジェンキは廃墟となり、
コンスタンティンの代になると、そこではスパイが我々の涙を見張るようになった。
五月三日が近付き、国中で鎖の音が響く。

図20　スタニスワフ・アウグストの離宮ワジェンキ公園のなかにある水上宮殿

Witaj, majowa jutrzenko

Słowa – Rajnold Suchodolski (1804–1831)
Muzyka – na melodię (prawdopodobnie Fryderyka Chopina) piosenki
Nienawidzę was, próżniaki

Witaj, majowa jutrzenko,
Świeć naszej polskiej krainie,
Uczcimy ciebie piosenką,
Która w całej Polsce słynie.

Witaj Maj! Trzeci Maj,
u Polaków błogi raj! (bis)

Nierząd braci naszych cisnął,
Gnuśność w ręku króla spała,
A wtem Trzeci Maj zabłysnął
I nasza Polska powstała.

Wiwat Maj! Trzeci Maj,
Wiwat wielki Kołłątaj! (bis)

Ale chytrości gadzina
Młot swój na nas zgotowała,
Z piekła rodem Katarzyna
Moskalami nas zalała.

図21 『ようこそ、5月の朝焼け』ライノルト・スホドルスキ作詞

（6）絶望を胸にとどめて、十一月に心を奮い立たせり、
ポーランドは墓の淵から蘇る。誇り高き者たちは人殺しに挑みかかる。
五月三日が再び輝き、自由で至福の国となる。

緩やかなマズルカのリズムに乗せて歌われるこの歌詞は、スタニスワフ・アウグストとコウォンタイいずれも評価する内容だが、十一月蜂起時の庶民の感情の中で五月三日憲法が生き続けていたことを如実に示している。

こうした国民感情は十九世紀半ばを通じて保たれていった。その後、十一月蜂起以上に大規模かつ長期の対ロシア民族蜂起になった一月蜂起（一八六三－六四年）に向けてポーランド人の民族感情が高まった一八六一年、五月三日憲法を祝日化しようとする動きが表面化した。しかしこれはロシア政府の抑圧によって実現には至らなかった。

この時期、領土を三国に分割されたポーランド人が置かれた立場を見てみよう。オーストリア領では例外的に初等・中等学校においてポーランド史の入門が取り入れられた。中学校に相当するギムナジウムでは一八七二年からポーランド史が選択科目になり、一九〇九年からは必修科目になった。十九世紀末から二十世紀初めのオーストリア領ポーランドでは、未曽有の規模でポーランド史の普及活動が展開された。一九一七年のルヴフの『ポーランドの若者』の宣言では、「独立、統一、民主ポーランドを求める闘争」が展開され、クラクフでも学生たちが独立を求める声明を採択した。

一方プロイセン領やロシア領の学校では、ポーランド史を学ぶ機会を奪われていた。教育の中心は家庭教育、私的なサークル、カトリック擁護や民族意識高揚を目的とした式典、重要な記念祭などであった。ポーランド史のテキストになったのは、レレヴェルの初期の主張を盛り込んだ教科書やニェムツェヴィチの『歴史歌謡集』Śpiewy Historyczne（一八一六年出版）であった。ここでは、近隣諸国の貪欲さとマグナートの政治的野心と私欲の強さに力点が置かれたが、出版時期があとになればなるほど、共和国内部の衰退に対する非難が強まる傾向がみられた。

憲法崇拝が拡大する転換点になったのは一八九一年の憲法制定百周年行進である。ワルシャワではロシアの官憲の見張りにもかかわらず、数百人規模の学生が参加し、三二名が逮捕された。プロイセン領グダンスクでも六〇〇名ほどが参加して、ポーランドの愛国的詩の朗読、音楽の演奏、社交の夕べが催された。

こうした運動とほぼ同時期に歴史学の著作として大きな影響力をもったのは、一月蜂起後の「実業」（蜂起による独立回復よりも、民族の活力の地道な回復・向上をめざす主張）の時代に豊富な一次史料を駆使して書かれた四年議会と五月三日憲法に関する実証的研究であった。

それらの研究の一方の雄がクラクフ学派の歴史家たちであった。四年議会と五月三日憲法を論じた代表的人物はヴァレリアン・カリンカである。

カリンカはその代表作『四年議会』Sejm Czteriletni（一八八一年）において、五月三日憲法が国王と議会中心の強力な行政府を確立した点を評価した。カリンカは、憲法がもたらしたものとして、政府の創出、自由拒否権と国王選挙の廃止、改革が無血で遂行されたことを挙げ、これらの実施によって共和国が国家として十分に機能していたことが証明されたと述べている。しかしその後、数倍のスペースを割いて詳細に憲法のマイナス面を挙げている。

まず彼は、代議院が元老院に優越していることを嘆いている。また国王が平時において軍隊指揮権を持たないこと、裁判権が国王から独立していること、宣戦・講和の決定権が議会にあることを批判している。さらに、「法の番人」においても国王は議長に監視され、あくまでも二義的な存在であること、「法の番人」所属大臣と委員会を主催する大臣が別個であることが問題だと指摘している。

さらに、憲法最大の問題点としてカリンカが指摘するのは、農民の権限が極めて抑えられていることである。彼によれば、レフェレンダシュ（王領地農民）法廷で裁かれる自由農民は農民身分全体の六分の一に過ぎない。そしてカリンカはこうした農民の状況を改善することを、シュラフタの反発を恐れて怠ったと非難する。

第三の問題点は王権世襲をめぐる問題である。彼はここで、国民は王権世襲を強く望んでいたか、ザクセンはこの提案を受け入れていたか、隣国はこの提案を認めていたかの三つの設問を提示し、それぞれを検証する。その結果いずれの点においても当時の状況では実現が困難だったことが示され、同時にロシアとの関係改善を優先すべきであったことが提起された。

総じて彼は、スタニスワフ・アウグストの国制改革、とりわけ行政府強化、行政委員会の集権化を評価する半面、地方シュラフタの無知を批判した。そして、強力な政府の必要性を理解していたのは国王とその周辺に過ぎず、シュラフタ社会はそれに目をそむけていたと結論付ける。これは、当時のポーランドが置かれていた外交的状況を含めて、きわめて悲観的な捉え方と言わざるを得ない。彼の歴史観は、国家の整備こそが国民を生み出すという鋳型に四年議会の改革と五月三日憲法を填め込んで評価を下そうとするものであった。

一方、こうしたクラクフ学派の視角とは対照的な角度から十八世紀の共和国を捉えようとする歴史家たちもいた。彼らはその活動拠点から、ワルシャワ学派と呼ばれた。とりわけ著名なのはタデウシュ・コルゾンとオズヴァルド・バルゼルである。

タデウシュ・コルゾンは代表作『スタニスワフ・アウグスト期におけるポーランド国内史』**Wewnętrzene Dzieje Polski za Stanisława Augusta**（一八九九年）において、近世から近代にいたる過渡期の共和国の社会的活力が示された象徴的な出来事として憲法制定をポジティヴに捉えた。憲法制定を通じて当時の社会的エリートであったシュラフタたちが率先してそれまでの身分的特権を放棄し、近代国民国家形成に向けての穏健な形での「革命」がなされたと位置付けたのである。

オズヴァルド・バルゼルは『国制史の課題から』において、ポーランドの国王が議会制度の中に位置付けられていることに関して、イギリスと並んで今日の立憲君主制を先取りするものであると評価した。また、地方議会のマイナス面も、指示書による拘束に関しても実際の運用においては厳しくなく、行政・軍事権を掌握していたという批判も必ずしも負の側面だけではないと考えた。そして、国家の脆弱性、教会・都市・地主に対する国家の支配が浸透していなかったことへの非難も、他国でもそれが浸透するのは十九世紀以降であった点を考慮すべきと主張する。また、ポーランド国家の没落の原因は国制の欠陥のみの問題ではないと述べている。

こうした前提に立ってバルゼルは、一七九一年四月の『王国自由都市（法）』と五月の憲法の改革の意義を以下のように強調した。「代議員たちを国家の全体的利害の代表とみなして、議会の身分制的性格を掘り崩し、それとともに地方議会の指示書を彼らに提供することを禁じ、自由拒否権《リベルム・ヴェト》全体を廃止した。世襲王政の導入とともに国王権力の基盤を継続性あるものにした。また「法の番人」の組織を通じて強力な王権の創設を可能にした。同時に議会の活動を麻痺させていた連盟を廃止した。都市民には議会と政府の最高官庁への一定の参加を認めただけでなく、無条件で都市自治の権利を認めた。農民は、隷属の鎖から解放されることはできなかったが、自由な市民として認められ、法の保護下に置かれ、（地主との）契約の方向性を指し示した」。そして、同時代の西欧の制度と比較すると、フランスを除いては最も進んだものであったと総括するのである。また彼は、『五月三日憲法の社会的政治的改革』**Reformy społeczne i polityczne Konstytucji 3 Maja**（一八九一年）において、比較国制史の観点から、五月三日憲法をそれまでの退行的な国制とは対照的な進歩的国制のシンボルと捉えた。彼は、「もし四年議会や憲法が存在しなかったら、我々の没落は恥ずべきものとはとらえられず、正当化されてしまっただろう」と論じている。これは法制史的に、近代化の観点から当時の五月三日憲法の立憲君主制的先進性を強調する見解と言えよう。

また、十九世紀末には絵画の分野でも憲法の記憶を再び焼き付ける作品が生み出された。憲法制

図22　マテイコ作『5月3日憲法』

定百周年の一八九一年にヤン・マテイコが描いた大作『五月三日憲法』Konstytucja 3 Maja がそれである。五月三日にワルシャワ王宮の議場で採択された憲法への忠誠を、隣接する旧市街の聖ヤン大聖堂の中で誓うため、国王、議員、傍聴者など主な参加者が大聖堂に入場しようとしている光景である。

聖堂に入ろうとする国王スタニスワフ・アウグスト（左手）、その後には憲法支持派に担がれて入場しようとしているポーランド王国とリトアニア大公国それぞれの連邦を代表する議長スタニスワフ・マワホフスキとカジミェシュ・ネストル・サピェハ、また周辺にはタデウシュ・コシチューシコやナポレオン戦争で活躍したスタニスワフ・アウグストの甥ユゼフ・ポニャトフスキ、ワルシャワ前市長ヤン・デケルト（ただし既に憲法制定前年に死去していた）、一七九二年四月にワルシャワ市長に就任するイグナツィ・ヴィッソゴータ・ザクシェフスキ、草案作成の中心になったフーゴ・コウォンタイやイグナツィ・ポトツキやスツィピオン・ピアットーリも描かれている。そして彼らの周囲をワルシャワ市民が歓呼で出迎えている。コシチューシコ蜂起時にワルシャワ民衆を率いることになるヤン・キリンスキも描かれている。

一方フランチシェク・クサヴェリ・ブラニツキやアントニ・ズウォトニツキなどの憲法に反対する立場の有力者も描かれているが、ひときわ異彩を放っているのは、大聖堂前の石畳に子供とともに体を張って横たわって反対した保守派貴族ヤン・スホジェフスキである。3章で述べたように、大仰なジェスチュアで周囲の人々を脅している。その後彼は、周囲の者たちによってこの場から放逐されることになる。ただし既述のように、このスホジェフスキの行動は実際はこの聖堂前ではなく、王宮内の議場で起こった出来事である。マテイコは絵画のドラマ性を増すため、二つの場面を合成して一つの歴史的絵巻物としたのである。

さて一九一八年になると、ポーランドは久しぶりに独立を回復し、第二共和政の国家が誕生した。それに伴って五月三日憲法の記憶はどのような変化を見せたであろうか。新たな変化は、一九一九年四月二八日の立法議会において、五月三日が祝日とされたことである。この祝日は若者の愛国・公民教育の重大な中心になった。彼らは『ようこそ、五月の朝焼け』、『五月三日のポロネーズ』**Polonez Trzeciego Maja** を歌い、『パン・タデウシュ』**Pan Tadeusz**、『代議員の帰還』**Powrót Posła**

からの引用を暗誦し、憲法制定ゆかりの場所（ワルシャワ王宮、聖ヤン大聖堂、ワジェンキ離宮内の植物園など）を訪れた。また、学生自らがマワホフスキ、スタニスワフ・アウグスト、スホジェフスキなどの役を演じる舞台もしばしば企画された。参考書としては、カリンカの『四年議会』やバルゼルの『五月三日憲法』と並んで、チェスワフ・ナンケの中等学校高学年用の歴史教科書が用いられた。

一九二〇年代以降、ピウスツキ派の権力掌握に伴って、公の最高の価値が民族から国家に移る傾向が強まった。その結果、五月三日憲法に関しても、国家に強力な行政権が導入された点を評価したり、独立擁護のシンボル、独立活動維持のためのシンボルとして憲法を範とする傾向が強まった。一九三四年憲法と五月三日憲法を比較して、「没落（国家衰退）の過程で採択された憲法が定着しなかったのに対して、繁栄の最中の一九三四年一月憲法はポーランドの強さの基盤になった」とも述べられたのはその現れだろう。

第二次世界大戦の時期、国内軍（AK）やロンドン亡命政権だけでなく、人民軍（AL）系のソ連への亡命者も憲法の価値を認めるようになった。しかし、こうした状況は戦後、ソ連主導による政権確立の動きが本格化すると抑えられていった。早くも一九四六年には公の場で憲法を祝祭することは許されなくなり、各地の憲法礼賛マニフェストが禁止された。さらに一九五一年には五月三日は祝日から「教育の日」に格下げされた。この時期の統一労働者党（共産党、PZPL）は、五月三日憲法を反ソ的象徴、反動の拠点、カトリック的性格を帯びたものと捉えた。また、憲法の記憶と一体化していた第二共和政時代の記憶を払拭することも共産党政権の重要な目的であった。同時に、二日前のメーデーの価値を薄めないために、五月一日に掲揚された国旗は五月三日の前に降ろされるように監視され、各都市で通りにつけられていた五月三日の名称も五月一日へと変更された。スターリン期には、ミュンヘンを本拠地とする『自由ヨーロッパ放送』のみが五月三日憲法を称える祝典を伝えていた。

しかし、一九五六年のスターリン批判を受けた「雪解け」の到来とともに、四年議会や五月三日憲法に対する肯定的な評価が復活した。そうした動きを増幅させたのが、一九六六年のカトリック千年祭に合わせてチェンストホヴァで行われたローマ法王のミサであった。この時期になると、「五月三日憲法なくしては人民ポーランドはあり得ない」という立場が共有されるようになった。一九七〇年代以降になると、イェジ・コヴェツキを編者として、五月三日憲法の全文が戦後初めて公式に出版された。またこの時期になると、戦後ポーランド史学の伝統に基づく研究が相次いで公表された。エマヌエル・ロストフォロフスキは、戦後の研究の中で最も詳細に、一七九〇年末から九一年五月までの起草過程を位置付けた。彼は、近隣諸国の急速な台頭という厳しい条件下で、とりわけロシアの強い影響下にあって、国王スタニスワフ・アウグストが改革のイニシアティヴを握り、その遂行に大きく尽力したと捉える。そして五月三日憲法制定においても、王領地の競売、「法の番人」中心の行政改革が大きな成果を収めたと考え、「これらの政策は西欧との格差を縮めるうえで明らかに大きな役割を演じた」と述べる。ロストフォロフスキの見解は共和政的な改革から立憲君主制的な改革への緩やかな移行を評価するものでもあり、それが十八世紀の絶対主義国家群の中でポーランドの存在意義を復権させるためには不可欠であったという立場を取っている。同時に彼は、「四年議会と第二次ポーランド分割は相関関係にある」、そして「ポーランドは強国化を実践しようとしたが、それゆえ逆に分割されてしまった」と述べている。これは、悲観的に国際関係を捉えるという点ではカリンカと同様のペシミズムをもつが、国制改革に関しては当時の社会に対する捉え方も含めてポジティヴな捉え方といえよう。

それ以外にこの時期の研究で注目される研究としては以下のようなものが代表的である。イェジ・コヴェツキは、憲法制定時の様々な政治結社の特徴を追いながら、支持者と反対派の力関係を分析した。また、イェジ・ミハルスキは、国家の存続が限られていた時期、憲法を制定してその遺産を後世に残した国王の役割は評価できると国王をポジティヴに位置付けた。アンジェイ・ザホルスキも、憲法制定におけるポジティヴなスタニスワフ・アウグスト像を打ち立てた。

一九八〇年八月、自主管理労働組合「連帯」Solidarność が結成されると、「連帯」側は憲法を反体制のシンボルとして位置づけ、聖ヤン大聖堂で祝典を主宰した。一方政府側もそれに対抗して王宮で公的な祝典を主催した。一九八一年の五月三日には、各都市で「連帯」支持者数千人が集まった。一方ワルシャワの大劇場では統一労働者党第一書記ヴォイチェフ・ヤルゼルスキも参加して祝賀コンサートが開催された。一九八一年十二月の戒厳令施行後は、毎年五月三日になると、大都市で自然発生的にデモが起こった。それは一九八八年に最高潮に達した。

この時期、学校の歴史教育の中でも、五月三日憲法は重要な対象になっていた。ここに一九八六

図23　1991年にワルシャワ王宮側面に刻まれたレリーフ

「1791年5月3日、この建物で対外的な独立と国内における国民の自由を何より重んじて共和国議会が統治法（5月3日憲法）を採択した」と記されている。

年のウッチ・リツェウム（高等学校）最終学年とウッチ大学経済学部一年の学生へのアンケートがある。「ポーランド史の重要事件を五つ上げよ」という項目では、五月三日憲法はグルンヴァルトの戦い（一四一〇年、ドイツ騎士団をポーランド・リトアニア連合軍が破った戦い）に次いで第二位を占めた（三六・七パーセント）。また、「十八世紀の重要な出来事」という設問では、ポーランド分割（一七七二年、一七九三年、一七九五年）、タルゴヴィツァ連盟（一七九二年）、国民教育委員会設立（一七七三年）を凌いで第一位を占めた（七五パーセント）。興味深いのは、人物はコシチューシコが六三・四パーセント、ユゼフ・ピウスツキが五〇パーセントの支持を得たのに対して、スタニスワフ・アウグストは一三・一パーセント、コウォンタイは八・三パーセントに過ぎない。つまり、事件としての五月三日憲法の評価は高いが、その改革の主導者についての認知度はあまり高くなく、評価も割れているということになるだろう。同時に、戦間期の伝統、「連帯」期の伝統との絡みで憲法を評価するものが一〇パーセント程度を占めている。

一九八九年の民主化革命に際して、五月三日憲法は共産党政権打破のための反体制勢力の重要な歴史的先例として大きくクローズアップされた。そしてタデウシュ・マゾヴィエツキを首相として「連帯」政権が確立された後の一九九〇年四月六日、五月三日の祝日化が下院で可決されたのである。

それでは現在、憲法はどのように捉えられているか。その一例としてリツェウムの歴史教科書の記述を引用してみよう（ノヴァ・エラ社の高等学校用検定済み歴史教科書『過去を知ろう』の五月三日憲法の意義に関する部分）。

「可決された「統治法」（五月三日憲法の当時の名称）は以後国家の政治・社会的システムを規定する最重要法規となった。この時点で共和国は立憲君主国、すなわち強力な立場だが憲法の規定で制限された君主を持つ国家になった。世襲王政が導入され、自由選挙は廃止された。スタニスワフ・アウグスト後の王位はザクセンのヴェッティン家が受け入れることが定められた。モンテスキュー的原理に従って国家権力は立法、執行、司法の三権力に分割された。立法組織は元老院と代議院から成る、多数決で採決する議会であった。こうして自由拒否権は廃止され、連盟も不必要になった（禁じられた）。執行権は国王と国王によって召集される政府（法の番人）が遂行する。法の番人を構成するのは国王と首座大司教と五名の大臣（教育、内務、外交、軍事、財政）である。個々の大臣は議会に責任を負い、議会は大臣の解任権を持った。法廷は相変わらず身分的（個々の身分固有の法廷）だが、他の権力からは独立していた。「地方議会法」と「王国自由都市（法）」は憲法の構成部分として位置づけられた。

五月三日憲法は国民の概念を変えた。国民は、以前のようにシュラフタと同義ではなくなった。加えて憲法では啓蒙主義の理念に沿って、「国民は権力の源泉である」と規定された。しかし憲法は農民身分とその境遇改善に関しては多くを語らない。農民に関する記述がみられるのは、国家が「法と国家統治の保護下に」置くというくだりのみである。それは、農民の法的社会的地位を変えるものではなく、将来においてシュラフタとその従属者との係争の際に国家に干渉の可能性を与えるものであった。憲法はまた、法の下でのすべての者の平等も導入しなかった。国家の特権的宗教はローマ・カトリックであることが定められた（ただし他宗派への寛容は保証された）。しかし留意すべきは、憲法が、創設者の意思で継続させられるはずの国家の改革プロセスを開始させたことであろう。

一七九二年五月のロシアの干渉の結果、憲法の規定は無効化されてしまったが、その象徴としての意義は甚大であった。新たな制度は、過去の数十年間、国家の無秩序の原因となっていたあらゆるものを取り去った。それゆえ外国の干渉の口実になったのである。それは国制の健全化への起爆剤になった。憲法によって国制面では機能的な立法が作用し、大臣たちは議会に責任を負うようになった。憲法は、その中に啓蒙主義の主要な理念が含まれる、新時代の文書になった。この憲法はヨーロッパ最初の統治法であり、ポーランド国家の権威を外部に著しく高めることになった。さらに憲法は国民に対して、啓蒙主義の理念とポーランド独自の政治的伝統が変化する予感をくみ取りながら、我々の国のかつての制度の欠陥を克服できることを立証した。この意識は、ポーランド人が民族としての自分たちへの敬意と自分たちの歴史的遺産への敬意を獲得することを許した。ポーランド国家の没落後、憲法は国の自由を求めて闘う多くの愛国者たちにとって精神的拠り所になった。それゆえ憲法が制定された五月三日は、一九一八年以来国家の祝日として宣されることになったのである」。

ここでは、ロストフォロフスキ以来のポジティヴな憲法観、身分制再編の意義、また、独立・統一国家を模索し続けた近現代ポーランドにおいて過去のポーランド、「共和国」国家の記憶の象徴となり続けたことが明確に確認されている。こうした記述からみても、五月三日憲法はポーランド史において大きな役割を持ち続けているといえよう。

あとがき

本書の前身は、二〇一三年に刊行された『一七九一年五月三日憲法』（ポーランド史史料叢書1）である。二〇一三年から二〇一四年にかけて、「ポーランド史史料叢書」として、本書を含めて四冊の著書がポーランド文化広報センターの助成により東洋書店から刊行された。しかし、二〇一五年の東洋書店の突然の倒産に伴い、刊行の継続が不可能になった。幸い、群像社の多大なご好意により、「ポーランド史史料叢書」は昨年から刊行が始まった「ポーランド史叢書」の一部として再出発する運びになった。本書も、増補改訂の上で「ポーランド史叢書」第2巻として新たに刊行されるものであることをお断りしておきたい。

増補改訂に際しては、前著の誤字・脱字の訂正以外に以下の点に留意した。ひとつは、史料紹介の前に憲法制定の背景を叙述して、一般の読者諸兄にも理解がより容易な配列に改めたことである。第二は、憲法制定の背景（第1章）と憲法の記憶（第5章）を中心に前回触れられなかった記述を増補したことである。近代の歴史家が憲法をどのようにとらえたかに関してもより詳細に論じた。

なお、本稿の史料紹介の部分に関しては、訳文査読を梶さやか氏（岩手大学准教授）にお願いした。草稿を丁寧にチェックしたうえで、重要な個所も含めて多くの貴重なチェックをしていただいた。また、新シリーズの刊行に際しては群像社の島田進矢氏、ポーランド広報文化センターのヤロスワフ・ヴァチンスキ氏に大変お世話になった。深く感謝申し上げる。最後に、本巻の執筆作業を温かく見守ってくれた妻香織、両親にも謝辞を申し添えておきたい。

なお、本書は科研費「十八世紀後半のポーランドにおける公共論の形成に関する研究」（基盤研究C、代表者白木太一）の成果の一部である。

参考文献

- *Konstytucja 3 Maja 1791, Statut zgromadzenia przyjaciół konstytucji*, opracował Jerzy Kowecki, Warszawa, 1991.
- *Konstytucja 3 Maja, Dokumenty naszej tradycji*, opracował Jerzy Łojek, Lublin, 1981.
- *Konstytucja 3 Maja, Kronika dni kwietniowych i majowych w Warszawie w roku 1791*, opracował Kazimierz Bartoszewicz, Warszawa,1989.
- *Konstytucja 3 Maja,1791,1791 Geguzes 3-Osios Konstitucija, The Constitution of May 3,1791*, opracował Juriusz Bardach,Warszawa,2001.
- M. Pietrzak, *Konstytucja 3 maja 1791 roku*, Warszawa, 2014.
- A.G-Krwawicz, *Czy Rewolucja może być legalna ?, 3 maja 1791 w oczach współczesnych*, Warszawa,2012.
- K.Zienkowska, *Spisek 3 maja*, Warszawa,1991.
- J.Michalski, *Konstytucja 3 maja*, Warszawa,1985.
- B. Szyndler, *Czy Sejm Czteroletni uchwalił konstytucję 3 maja?*, Warszawa,2010.
- *New Constitution of the Government of Poland, Established by the Revolution, the Third of May, 1791*, London, 1791.
- Polish Cultural Institute in London (ed.), *The Polish Road to Democracy, The Constitution of May3, 1791*, Warszawa, 1991.

· *Polnische Verfassung vom 3 Mai 1791, Übersetzt von Gothold Rhode, Nationale und Internationale Aspekte der Polnischen Verfassung vom 3 Mai 1791*, Frankfurt am Main,1993.
· *Konstytucje Polski,Studia monograficzne z dziejów polskiego konstytucjonalizmu*, t.1, praca zbiorowa pod redakcją Mariana Kallasa, Warszawa, 1990.
· A. Ajenkiel, *Konstytucje Polski w rozwoju dziejowym 1791-1997*, Warszawa,2001.
J. Bardach, "Konstytucja 3 Maja a unia polsko-litewska", *Przegląd Historyczny*. t.82,z.3-4,1991.
· Z. Szcząska, Pierwsza ustawa zasadnicza Rzeczypospolitej, *Konstytucje polskie*, M Kallas(red.), Warszawa,1990.
· B. Grochulska(red.), *Konstytucja 3 maja, 200-lecie tradycji*, Warszawa, 1994.
· H. Kołłątaj, *Listy anonima i prawo polityczne narodu polskiego, Pisma wybrane*, B.Leśnodorski i H. Weresicka(red.), Kraków,1954.
· W. Szczygielski, *Referendum trzeciomajowe, Sejmiki lutowe 1792 roku*, Łódź,1992.
· A. Wierzbicki, *Konstytucja 3 maja w historiografii polskiej*, Warszawa,1993.
· A. Barszczewska-Krupa(red.), *Konstytucja 3 Maja w tradycji i kulturze polskiej*, Łódź, 1991.
· A. Grześkowiak-Krwawicz (red.), *Konstytucja 3 Maja, Prawo-polityka-symbol*, Warszawa,1992.
· W. Kalinka, *Sejm Czteroletni*, Warszawa, 1991(Nowe Wydanie).
· E. Rostworowski, *Legendy i fakty XVIII wieku*, Warszawa, 1963.
· E. Rostworowski, *Ostatni król Rzeczypospolitej*, Warszawa,1966.

・J. Gierowski, *Rzeczpospolita w dobie złotej wolności (1648-1763), Wielka Historia Polski*, t.5, Kraków,2002.

・A.Czaja, *Lata wielkich nadziej, Walka o reformie państwa polskiego w drugie połowie XVIII w.*,Warszawa,1992.

・A G-Krwawicz(red.), *Bo insza jest rzecz zdradzić, insza dać się złudzić, Problem zdrady w Polsce przełomu XVIII i XIX wieku*, Warszawa, 1995.

・J.Michalski, *Witaj majowa jutrzenko*, Warszawa, 1999.

・K.Zienkowska, *Stanisław August Poniatowski*, Wrocław, 1998.

・A.Czaja, *Między tronem, buławą a dworem peterusburskim*, Warszawa,1988.

・A.Zahorski, *Spór o Stanisława Augusta*, Warszawa, 1988.

・T.Kostkiewiczowa, *Rok monarchii konstytucyjnej, Piśmiennictwo polskie lat 1791-1792 wobec Konstytucji 3 Maja*, Warszawa,1992.

・Z. Libera, *Od sejmu Czteroletniego do Napoleona*, Warszawa,2004.

・*Polskie pieśni patriotyczne, A.K.Kunert* (Wybór), Warszawa, 2003

・M.Wrede, H.Machałowicz, P.Sadlej, *Jan Matejko Konstytucja 3 maja*, Warszawa, 2007.

・「五月三日憲法（一七九一年五月三日）」（井内敏夫、池本今日子訳、抄訳）、歴史学研究会編『世界史史料』第六巻、岩波書店、二〇〇七年、九四－九五頁。

・中山昭吉『近代ヨーロッパと東欧―ポーランド啓蒙の国際関係史的研究―』ミネルヴァ書房、一九九一年。

・白木太一「ポーランド一七九一年五月三日憲法―その沿革、全文の内容、歴史的意義―」『大正大學研究紀要』第95輯、二〇一〇年、一―二〇頁。
・白木太一『近世ポーランド「共和国」の再建――四年議会と五月三日憲法への道』彩流社、二〇〇五年。
・白木太一、「一六―一八世紀ポーランドにおける社会構造の変遷」、野崎直治編『概説西洋市民社会史』、有斐閣、一九九四年、二二七―二四三頁。
・白木太一「ポーランドの一七九一年五月三日憲法とその立憲主義的伝統」、『新しい歴史学のために』、No.287、二〇一五年。
・「一七九一年フランス憲法」（石井三記訳）、河野健二編『資料フランス革命』岩波書店、一九八九年。

図15 Król Stanisława w dniu 3 maja, Muzeum Norodowe w Warszawie,（ワルシャワ国立美術館）。
図16 A. K. Kunert. Polskie pieśni patriotyczne z nutami, Warszawa, 2003.
図17 Plan kościoła Opatrzności Bożej, Biblioteka Uniwersytecka w Warszawie,（ワルシャワ大学図書館）。
図18 H. Kołłątaj, Ignacy Potocki, O Ustanowieniu i upadku Konstytucji Polskiej 3 Maja 1791, AGAD,（中央史料館古文書部）。
図19 Stachowicz, Otwarcie sejmu królestwa polskiego, Pałac arcybiskupi,（クラクフ大司教宮殿）。
図20 ワジェンキ公園内の水上宮殿（筆者撮影）。
図21 A. K. Kunert. Polskie pieśni patriotyczne z nutami, Warszawa, 2003.
図22 J.Matejko, Konstytucja 3 Maja, ZKW,（ワルシャワ王宮）。
図23 ワルシャワ王宮側面のレリーフ（筆者撮影）

所収図版一覧

口絵1　ワルシャワ王宮大理石の間（筆者撮影）。
口絵2　ワルシャワ王宮（筆者撮影）。
口絵3　ワルシャワ王宮元老院の間（筆者撮影）。
口絵4　ワルシャワ王宮から聖ヤン大聖堂に至る聖ヤン通り（筆者撮影）
口絵5　B.Bellotto, Wydok Warszawy od strony Pragi, Muzeum Narodowe w Warszawie,（ワルシャワ国立美術館）。

図1　J-P Norblin, Uchwalenie Konstytucji 3 Maja 1791 r., Biblioteka Kórnecka PAN.（ポーランド科学アカデミー、クルニク図書館）。
図2　白木太一『ポーランド「共和国」の再建――四年議会と五月三日憲法への道』彩流社、2005年、41頁。
図3　前掲書、45頁。
図4　J-P Norblin, Sejmik w kościele, MNW,（ワルシャワ国立美術館）。
図5　B.Belloto, Elekcja Stanisława Augusta, ZKW,（ワルシャワ王宮）。
図6　M.Bacciarelli, Portret Stanisława Augusta w stroju koronacyjnym, ZKW.（ワルシャワ王宮）。
図7　J. Peszka, Portret Hugona Kołłątaja, ZKW,（ワルシャワ王宮）。
図8　M.Tokarski, Portret Ignacego Potockiego, Muzeum Pałacu w Wilanowie,（ヴィラヌフ宮殿博物館）。
図9　J.Peszka, Portret Stanisława Małachowskiego, ZKW,（ワルシャワ王宮）。
図10　Tarcza francuskiego zegarka kieszonkowego upamiętniająca Konstytucjj 3 Maja, Muzeum Narodowe we Wrocławiu,（ヴロツワフ国立美術館）。
図11　G.Taubert, Zaprzysiężenie Konstytucji 3 Maja, BUW,（ワルシャワ大学図書館.）。
図12, 13　Oryginał Konstytucji 3 Maja, AGAD, 中央史料館古文書部）。
図14　Gazeta Narodowa i Obca, 7 maja 1791 roku, AGAD,（中央史料館古文書部）。

5月3日憲法　関連年表

年

1493　ポーランド王国で二院制議会の定着

1569　ルブリンの合同協約の成立。ポーランド王国とリトアニア大公国の連邦国家の成立。

1573　ヘンリク諸条項制定。選挙議会で選ばれた国王候補はこの条項の順守を義務づけられる。最初の選挙議会の実施。

1652　ラジヴィウ家の子分の代議員キチンスキによって、一人の議員の反対で議会の議決が無効となるリベルム・ヴェト（自由拒否権）がはじめて行使される。

1655　スウェーデン軍の共和国への侵攻、いわゆるポトプ（「大洪水」）の始まり

1697　ザクセン選帝侯アウグスト2世のポーランド国王選出

1764　9月6日、選挙議会開催。ロシア皇帝エカテリーナ2世の支持で、新興大貴族出身のスタニスワフ・ポニャトフスキがポーランド国王に選出される

1764　郵便制度改革導入

1765　貨幣制度改革導入

5月7日、聖スタニスワフ勲章創設

ワルシャワに士官学校開校。この学校から軍人エリートが多く輩出される。

11月19日、ワルシャワに国民劇場開設

公序良俗委員会設置

新聞『モニトル』発刊

1767　ラドム連盟の支持を受けた議会開催。保守的な内容を多く含んだ『基本法』採択。

1768　ポドレ地方のバールで自由・独立擁護を旗印とするバール連盟結成。その後共和国全土に波及し、多くのシュラフタが参加。

1770　木曜昼食会開始
1772　2月17日、ペテルブルクでロシアとプロイセンがポーランド分割の原則に関して署名
8月5日、ペテルブルクで3国が国境線を定める分割条約に署名（第一次ポーランド分割）。この結果共和国は王国領プロイセン、リヴィウ（ルヴフ）を含むガリツィア地方の多く、ドニエプル地方上流地域などを失う。
1773　4月19日、臨時議会開催
9月18日、議会、分割条約批准
8月21日、教皇クレメンス14世、イエズス会廃止
10月14日、国民教育委員会設立。大学（クラクフ、ヴィルニュス）から中等学校を含み教区学校に至る共和国内の様々な教育機関が本委員会の傘下に入る。
1775　常設会議設立。総会の下に外務、財政、警察、司法、軍事の部局が置かれ、それぞれに専属官僚が属する共和国初の常設行政組織が成立。
1784　ワルシャワの「王の道」の途中に、国王の離宮としてワジェンキ宮殿の造営が開始される。古典様式に則った洗練された宮殿群が建てられる。
1786　『商業新聞』発刊
1788　コウォンタイ『匿名者の書簡』第1巻刊行
1788　10月6日、四年議会開催。ポーランド軍10万人に増員する案が可決
1789　1月19日、常設会議廃止
1789　11月、四年議会、民事軍事秩序委員会設置を可決
1790　11月16日、四年議会、第二期代議員選挙。各地の地方議会から１７７名の代議員が選出される。
1790　スターシツ『ポーランドに対する警告』刊行
1791　3月24日、「地方議会法」、議会で可決
4月21日、「王領都市法」、議会で可決
5月3日、5月3日憲法（統治法）、議会で可決

5月5日、議会、憲法に関するすべての抗告を無効とする
5月、憲法友好協会発足
5月、『内外新聞』発刊

1792 2月17日、憲法に関する国民投票を兼ねた地方議会開催
4月27日、ペテルブルクでいわゆるタルゴヴィツァ連盟結成。シチェンスニ・ポトツキ、セヴェリン・ジェヴスキ、クサヴェリ・ブラニツキらの憲法に反対するマグナートがエカテリーナの支持を受けて結成する。
ライプチヒでコウォンタイ、ドモホフスキら『5月3日憲法の制定と没落』刊行

1793 6月21日、グロドノで議会開催。共和国最後の議会

1794 3月24日、コシチューシコ、クラクフで蜂起開始の宣言
5月10日、コシチューシコ、最高国民会議招集
10月10日、マチェヨヴィツェの戦い。コシチューシコ、ロシア軍の捕虜となる。
11月17日、コシチューシコ蜂起終焉

1795 10月24日、オーストリア、プロイセン、ロシア三国、ポーランドの分割に関する合意文書締結
11月25日、スタニスワフ・アウグスト退位。「共和国」の滅亡。

1830 11月29日、ポーランド王国で11月蜂起勃発（～1831年10月）

1832 3月17日、「ポーランド民主協会」結成宣言

1863 1月22日、ロシア領ポーランドで1月蜂起勃発（～1864年）

1918 10月28日、ポーランド清算委員会発足（クラクフ）

1935 4月23日、4月憲法成立

1939 9月1日、ドイツ軍、ポーランド侵攻
9月17日、ソ連軍、ポーランド侵攻

1945 1月17日、ソ連軍、ワルシャワ解放

1947 1月19日、立憲議会選挙

1953 3月5日、スターリン死去

1956 10月19日、ゴムウカ、統一労働者党（共産党）第一書記に選出される

1968 3月8日、3月事件

1980 9月17日、自主管理労働組合「連帯」結成

1981 12月13日、ポーランド政府、戒厳令布告

1989 2月6日、体制、反体制様々な陣営のリーダーが公式に参加した円卓会議開催

6月4日、総選挙。「連帯」陣営大勝利

12月29日、憲法改正。国名をポーランド共和国に改称

2004 ポーランド共和国、EUに加盟

白木 太一（しらき たいち）
1959年、東京生まれ。1982年、早稲田大学第一文学部史学科西洋史専修卒業。1985年、早稲田大学大学院文学研究科（修士課程）修了。1986年から89年まで、ワルシャワ大学歴史研究所留学。2002年、早稲田大学文学研究科より文学博士号授与。現在、大正大学文学部歴史学科教授。
主な著作に、『近世ポーランド「共和国」の再建――四年議会と５月３日憲法への道』（彩流社、2005年）、『ポーランド学を学ぶ人のために』（共著、渡辺克義編、世界思想社、2007年）、「18世紀後半における地方議会改革の意義――指示書の権限と参政権資格の見直しをめぐって」（『スラヴ研究』43、1995年）、「ポーランドの1791年5月3日憲法とその立憲制的伝統」（『新しい歴史学のために』No. 287, 2015年）。

Niniejsza publikacja została wydana w serii wydawniczej
„Źródła historyczne do dziejów Polski"
w ramach „Biblioteki kultury polskiej w języku japońskim"
przygotowanej przez japońskie NPO Forum Polska,
pod patronatem i dzięki finansowemu wsparciu wydania przez Instytut Polski w Tokio
(wydanie II poprawione)

本書は、ポーランド広報文化センターが統括する事業として出版経費を助成し、
特定非営利法人「フォーラム・ポーランド組織委員会」が編纂を担当する
《日本語で読むポーランド文化ライブラリー》の《ポーランド史史料叢書》を改訂して
《ポーランド史叢書》の一冊として刊行されました。

ポーランド史叢書 2

[新版] 1791年5月3日憲法

2016年6月29日　初版第1刷発行

著　者　白木太一

発行人　島田進矢
発行所　株式会社 群像社
神奈川県横浜市南区中里1-9-31 〒232-0063
電話／FAX 045-270-5889　郵便振替　00150-4-547777
ホームページ　http://gunzosha.com
Eメール info@gunzosha.com

印刷・製本　シナノ

カバーデザイン　寺尾眞紀

ISBN978-4-903619-67-5

ポーランド史叢書

福嶋千穂

ブレスト教会合同

西のローマ・カトリックと東の正教が重なりあう地ウクライナに東方カトリック教会が生まれるきっかけとなったブレストでの教会合同（1595－96年）はどのように実現したのか。近世ポーランド・リトアニア国家のもと、東西のはざまで独自の道を模索したキエフの府主教たちとその後の東方カトリックの苦難の歴史と現在を明らかにする。

ISBN978-4-903619-61-3　1500円

価格は税別